essentials

essentials liefern aktuelles Wissen in konzentrierter Form. Die Essenz dessen, worauf es als „State-of-the-Art" in der gegenwärtigen Fachdiskussion oder in der Praxis ankommt. *essentials* informieren schnell, unkompliziert und verständlich

- als Einführung in ein aktuelles Thema aus Ihrem Fachgebiet
- als Einstieg in ein für Sie noch unbekanntes Themenfeld
- als Einblick, um zum Thema mitreden zu können

Die Bücher in elektronischer und gedruckter Form bringen das Expertenwissen von Springer-Fachautoren kompakt zur Darstellung. Sie sind besonders für die Nutzung als eBook auf Tablet-PCs, eBook-Readern und Smartphones geeignet. *essentials:* Wissensbausteine aus den Wirtschafts-, Sozial- und Geisteswissenschaften, aus Technik und Naturwissenschaften sowie aus Medizin, Psychologie und Gesundheitsberufen. Von renommierten Autoren aller Springer-Verlagsmarken.

Weitere Bände in der Reihe http://www.springer.com/series/13088

Anabel Ternès · Sebastian Schieke

Mittelstand 4.0

Wie mittelständische Unternehmen
bei der Digitalisierung den Anschluss
nicht verpassen

Anabel Ternès
GetYourWings gGmbH
Berlin, Deutschland

Sebastian Schieke
NOVELDO GmbH
Frankfurt am Main, Deutschland

ISSN 2197-6708   ISSN 2197-6716   (electronic)
essentials
ISBN 978-3-658-20916-2   ISBN 978-3-658-20917-9   (eBook)
https://doi.org/10.1007/978-3-658-20917-9

Die Deutsche Nationalbibliothek verzeichnet diese Publikation in der Deutschen Nationalbibliografie; detaillierte bibliografische Daten sind im Internet über http://dnb.d-nb.de abrufbar.

Springer Gabler
© Springer Fachmedien Wiesbaden GmbH 2018

Gedruckt auf säurefreiem und chlorfrei gebleichtem Papier

Springer Gabler ist Teil von Springer Nature
Die eingetragene Gesellschaft ist Springer Fachmedien Wiesbaden GmbH
Die Anschrift der Gesellschaft ist: Abraham-Lincoln-Str. 46, 65189 Wiesbaden, Germany

Was Sie in diesem *essential* finden können

- Die Bedeutung der Digitalisierung für mittelständische Unternehmen
- Welche Unternehmensbereiche besonders von der Digitalisierung betroffen sind
- Den Status quo: Wie der deutsche Mittelstand die Digitalisierung aktuell umsetzt
- Die größten Digitalisierungshemmnisse in mittelständischen Unternehmen
- Wie die Digitalisierung mittelständischer Unternehmen Schritt für Schritt gelingen kann
- Die grundlegenden Erfolgsfaktoren für die Digitale Transformation
- Digitalisierungs-Assessment: Wo steht das Unternehmen, wo will es hin?
- Methoden für den digitalen Wandel in der Praxis
- Aktuelle Unternehmensbeispiele und Anregungen für die eigene Umsetzung

Vorwort

Die Digitalisierung führt die Industrie zu einer neuen Revolution, der sogenannten vierten industriellen Revolution oder Industrie 4.0. Zunehmend machen sich neue Unternehmen – vor allem Start-ups, aber auch Großunternehmen mit langer Tradition – mit den Entwicklungen und Auswirkungen der Digitalisierung vertraut. Sie suchen neue Wege, um mit den anstehenden Herausforderungen umzugehen und ihre Geschäftsmodelle zukunftsfähig zu machen. Der deutsche Mittelstand, traditionell mehrheitlich in der Produktion begründet, zeigt sich neuesten Studienergebnissen entsprechend bei weitem nicht so aufgeschlossen gegenüber der Digitalisierung und den damit einhergehenden Bedarfen an einer Entwicklung der eigenen Industrie. Das vorliegende *essential* erklärt anschaulich, was die vierte industrielle Revolution eigentlich kennzeichnet, wieso sich auch der Mittelstand mit Digitalisierung beschäftigen muss und wie eine kritische und erfolgreiche Auseinandersetzung in der Praxis aussehen kann. Dabei überzeugt das Buch mit fundiertem Hintergrundwissen, aktuellen Fallbeispielen sowie anschaulichen strategischen Hinweisen und Konzepten.

Die Autoren dieses Werkes verbindet Praxis und praxisrelevante Forschung. Sebastian Schieke ist erfolgreicher Unternehmer mit langjähriger Beratungserfahrung in der Finanz-, Logistik-, IT-, Energie- und Chemieindustrie. Er ist Gründer und Geschäftsführer der NOVELDO GmbH und unterstützt gemeinsam mit seinem Team mittelständische Unternehmen bei der Entwicklung und Umsetzung digitaler Strategien. Als Vor- und Querdenker treibt er die Digitalisierung in Europa voran.

Prof. Dr. Anabel Ternès ist Gründerin und Geschäftsführerin der Tech-Start-ups HealthMedo GmbH und CoCarrier GmbH, Keynotespeaker und Expertin für digitale Transformation. Die Professorin für E-Business leitet das Institut für Nachhaltiges Management und engagiert sich für Digitale Kompetenz u. a. mit ihrer sozialen Organisation GetYourWings gGmbH.

Mit dem vorliegenden Buch geben die beiden Autoren mittelständischen Unternehmen grundlegende Informationen und Tipps zur Digitalisierung. Weiterführende und vertiefende Informationen und Unterstützung findet der Leser auf der Website der beiden Autoren: **mittelstandwird.digital.**

Sebastian Schieke

Anabel Ternès

Inhaltsverzeichnis

Sind Sie bereit für den Start in eine neue Ära?

Finanzindustrie, Technologie, Medien, Distribution oder Chemische Industrie: Die Digitalisierung betrifft alle. Dafür verantwortlich sind sehr unterschiedliche Faktoren: neben neuen disruptiven Geschäftsmodellen und Technologien vor allem die Kunden – die durch das Internet informierter denn je sind. Sie suchen intensiv nach besserem Service, besserer Qualität und niedrigeren Preisen – insgesamt nach einem besseren Erlebnis – und tauschen sich dazu u. a. in sozialen Medien, Internet-Foren und -Portalen mit anderen Verbrauchern aus.

Im „Digital Vortex" des International Institute for Management Development (IMD) in Lausanne (vortex = lat. für Wirbel, Strudel) ist abgebildet, wie stark unterschiedliche Industrien bzw. Branchen von der Digitalisierung betroffen sind – diejenigen am Rand des Strudels weniger, diejenigen in der Mitte des Strudels stärker und mit höherer Geschwindigkeit (Abb. 1.1; Wade et al. 2017).

Die Digitalisierung hat in den letzten Jahren vieles verändert. Während sich manche Branchen und Unternehmen durch hohe Innovationskraft auszeichnen und die Möglichkeiten der Digitalisierung gut für sich nutzen, gibt es viele andere, die dies nicht schaffen – und die auch nicht in der Lage sind, auf die damit einhergehenden Risiken zu reagieren. Dabei muss es sich noch nicht einmal um die eigene Branche handeln, die von der Digitalisierung erfasst wird – die Automobilindustrie ist ein gutes Beispiel dafür, wie sehr sich die Veränderungen in einer Industrie auch auf andere Industrien auswirken: So betrifft die Entwicklung autonom fahrender Autos eine große Anzahl von Branchen, z. B. Transport, Logistik, Versicherungen, Rechtsberatung, Gesundheitswesen, Hotellerie usw. Auch andere Innovationen wie beispielsweise Blockchain (eine dezentrale Datenstruktur und Grundlage vieler digitaler Währungen), maschinelles Lernen, Virtual Reality etc. wirken sich bereits auf zahlreiche Industrien aus.

Dass sich ganze Branchen im Umbruch befinden, heißt aber nicht, dass auch alle Unternehmen mitziehen bzw. Schritt halten. Vielmehr belegen unterschiedliche

© Springer Fachmedien Wiesbaden GmbH 2018
A. Ternès und S. Schieke, *Mittelstand 4.0,* essentials,
https://doi.org/10.1007/978-3-658-20917-9_1

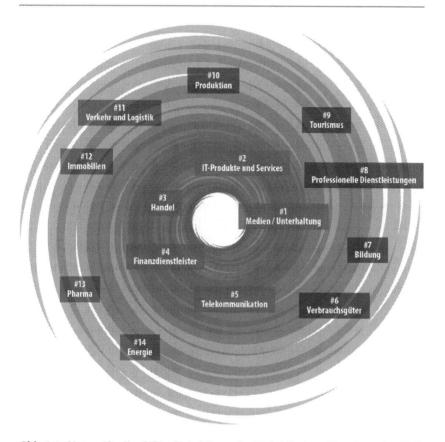

Abb. 1.1 Vortex. (Quelle: © The Global Center for Digital Business Transformation, IMD 2017. Used with permission)

Studien, dass ein großer Teil des Mittelstandes noch nicht reif für den digitalen Wandel ist (s. a. Kap. 3 dieses *essentials*). Zwar begreifen die Unternehmen, dass der Wandel kommt – laut einer im Juni 2017 veröffentlichten Studie des „Global Center for Digital Business Transformation" beim IMD sind das 71 % der beteiligten Unternehmen. Aber lediglich 31 % haben auch konkrete Pläne und Strategien dafür erarbeitet, wie sie dieser Herausforderung begegnen wollen (Wade et al. 2017).

Es sind vor allem die Manager aus den klassischen Industrieunternehmen, die den Einfluss der Digitalisierung auf ihre Geschäftsprozesse (zunächst) unterschätzen.

„Wir haben das Auto erfunden" – das sagte Daimler-Chef Dieter Zetsche seinerzeit zu Gerüchten, dass Apple ein Elektroauto entwickle. Erst kürzlich räumte er ein, dass Apple und Google auch im Autobau mehr könnten, als Daimler dachte (Kollmann 2016). Eines ist klar: Visionäres Denken geht anders. Führungskräfte, die sich gegen den Wandel wehren, werden Amazon, Google, Facebook & Co. ratlos hinterher schauen, wenn diese neue Handelsstrukturen etablieren, Geldströme lenken und die eigenen Plattformen bzw. Endgeräte so platzieren und gestalten, dass sie den Bedürfnissen der Kunden entsprechen. Wer sein Unternehmen in die Zukunft führen will, braucht ein kundenzentriertes, zukunftssicheres Geschäftsmodell, ein kanalübergreifendes Angebot und eine progressive IT, sodass es sich schnell an neue Marktsituationen anpassen kann. Vor allem aber sind strategisches Digitalisierungs-Know-how und einen Masterplan für die Umsetzung notwendig.

Veränderung tut weh
Warum ist es für die Unternehmen so schwer, dringend anstehende Veränderungen anzugehen, die existenziell wichtig für sie sind? Unternehmenskulturelle Faktoren dürften dabei eine große Rolle spielen: die Angst vor Veränderung ebenso wie das Festhalten an alten Strukturen. Auch richten viele Unternehmen ihre Aufmerksamkeit sehr intensiv nach innen und achten viel stärker auf Effizienz und kurzfristige Renditeziele als auf das große Bild. Das führt fast zwangsläufig dazu, dass sie an ihren starren, traditionellen Prozessen festhalten und sich nicht mit agilen Methoden beschäftigen – im Gegensatz zu Unternehmen, die sich erfolgreich der Digitalisierung stellen.

Auch Michael Wade, Professor für Innovation und Strategie an der Schweizer Business School IMD und Leiter des „Global Center for Digital Business Transformation" – einer gemeinsamen Initiative von IMD und Netzwerkausstatter Cisco – schwört auf Agilität. Unternehmen mit starren Prozessen könnten „schon morgen" verschwinden, sagte er in einem Interview mit dem Magazin WirtschaftsWoche (Dämon 2017). Ein Unternehmen müsse bereit sein, jederzeit auf Veränderungen zu reagieren.

Passend zu diesen Aussagen hat er das Wade'sche Gesetz entwickelt (Abb. 1.2). Es besagt, dass die Möglichkeiten der Digitalisierung für die Unternehmen größer werden, die sich schnell an Veränderungen anpassen können. Das heißt gleichzeitig, dass sich auch genau diese Unternehmen besser gegen den Wettbewerb durchsetzen können.

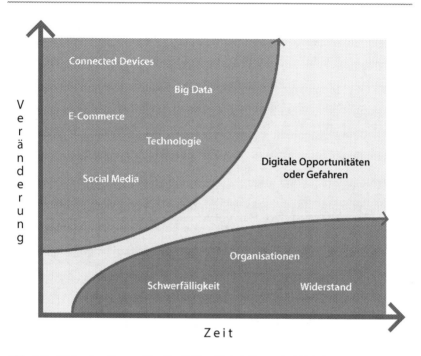

Abb. 1.2 Wadesches Gesetz. (Quelle: © The Global Center for Digital Business Transformation, IMD 2017. Used with permission)

Megatrend Digitalisierung: Wo steht der deutsche Mittelstand aktuell?

2.1 Potenzial und Notwendigkeit der Digitalisierung der deutschen Wirtschaft – ein erster Blick

Die Digitalisierung gilt als Megatrend, insoweit besteht Einigkeit bei den Protagonisten. Allerdings gibt es beim Verständnis zum Ausmaß der damit einhergehenden Veränderungen deutliche Unterschiede, die sich schon im Wording bemerkbar machen. Der Begriff digitale Transformation impliziert eine schrittweise Umgestaltung der „genetischen Architektur eines Unternehmens", die in die Phasen Reframing, Restructuring, Revitalizing und Renewing (Springer Gabler Verlag o. J.) gegliedert ist, wohingegen Disruption eine deutlich drastischere Erwartung an die Digitalisierung beschreibt: Traditionelle Geschäftsmodelle, Technologien, Dienstleistungen und Produkte werden in diesem Fall von disruptiven Innovationen nicht nur teilweise verdrängt, sondern komplett abgelöst (Vgl. Gründerszene o. J.).

Schon diese Interpretationsbreite macht klar, dass das Potenzial der Digitalisierung ebenso unterschiedlich eingeschätzt wird wie die Notwendigkeit, sich mit dem Thema konstruktiv auseinanderzusetzen. Vor diesem Hintergrund ist es nicht verwunderlich, dass die Industrie auf diesem Wege deutlich weiter fortgeschritten ist: Unter dem Schlagwort Industrie 4.0 als Synonym für die Vierte Industrielle Revolution hat das Bundesministerium für Bildung und Forschung eine Digitale Agenda aufgelegt, die mit Forschungs- und Bildungsprojekten angegangen werden soll. Auch wenn das Bild einer digitalisierten Welt noch lange nicht klar umrissen ist, hat sich doch ein Konsens herausgebildet: Das Ziel ist ein automatisierter Produktionsprozess, in dem Maschinen selbsttätig miteinander kommunizieren, Materialbestände überprüfen und Fehlendes online nachbestellen.

© Springer Fachmedien Wiesbaden GmbH 2018
A. Ternès und S. Schieke, *Mittelstand 4.0*, essentials,
https://doi.org/10.1007/978-3-658-20917-9_2

Die dazu notwendigen Technologien sind keine Utopie mehr, zumal die führenden Industrieunternehmen schon heute einen hohen Automatisierungsgrad aufweisen.

Der ohnehin vorhandene Vorsprung, den die Industrie in puncto Produktivität gegenüber dem Mittelstand hat, dürfte damit weiterwachsen: „Bereits heute ist die Gesamtwirtschaft dem Mittelstand bei der Produktivität um das Vierfache voraus. Da klafft eine große Lücke, und die ist ganz klar die Achillesferse der mittelständischen Unternehmen." (KfW 2016). Um eine genaue Standortbestimmung in Bezug auf die Digitalisierung für mittlere Unternehmen vornehmen und Handlungsempfehlungen ableiten zu können, wurden vielfältige Studien durchgeführt. Dabei stellte sich ein relativ einheitliches Bild dar: Das Thema Digitalisierung wird durchaus von einem Großteil der Unternehmen des Mittelstands als wichtig wahrgenommen, allerdings klaffen zwischen den Vorreitern und den Nachzüglern gravierende Lücken auf. Unter dem Strich hinkt der tatsächliche Digitalisierungsgrad den im öffentlichen Diskurs geschürten Erwartungen deutlich hinterher.

2.2   Eine Frage des digitalen Reifegrades

Die Festlegung von drei Stufen erleichtert die Einordnung der aktuellen Situation im deutschen Mittelstand (vgl. Saam et al. 2016, S. 10):

- Stufe 1 – grundlegende digitale Datenverarbeitung (PC, stationäres Internet, Homepage, ERP-System und andere Tools zur Auswertung)
- Stufe 2 – Vernetzung in Information und Kommunikation (mobiles Internet, Informations- und Kommunikationsanwendungen, Social Media intern und extern, Cloud-Computing)
- Stufe 3 – Vernetzung bei Diensten und Produkten (neue Geschäftsmodelle mit digitalen Produkten und Dienstleistungen, Apps, Industrie 4.0)

2.2.1   Erste Digitalisierungsstufe

Naturgemäß gibt es branchenspezifische Unterschiede in Bezug auf Relevanz und Akzeptanz der Digitalisierung für die mittelständischen Unternehmen: Wissensintensive Dienstleistungen können hier deutlich größere Effekte erzielen als der typische Handwerksbetrieb, für den nach wie vor das handwerkliche Können seiner Mitarbeiter im Fokus steht.

- So arbeiten im Mittelstand rund 45 % der Beschäftigten überwiegend an einem Computer, wobei die wissensintensiven Dienstleister mit 85 % das eine Extrem darstellen und das verarbeitende Gewerbe mit 31 % das andere (Vgl. Saam et al. 2016, S. 11).
- Allerdings kann die Digitalisierung nur fortschreiten, wenn die Mitarbeiter der Unternehmen Zugriff auf das Internet haben. Auch hier klaffen die Istzustande weit auseinander: Während die wissensintensiven Dienstleister zu 94 % online aktiv sind, beträgt der Anteil im verarbeitenden Gewerbe nur 38 % – der Durchschnitt beläuft sich auf 53 % (Vgl. Saam et al. 2016, S. 12).
- Mit einer eigenen Unternehmenswebseite sind fast alle Firmen mit mehr als 50 Mitarbeitern im Internet vertreten (Vgl. Saam et al. 2016, S. 12).
- Ebenso unterschiedlich stellt sich das Bild in Bezug auf eine ERP-Software dar, die die betriebsinternen Abläufe abbildet und optimiert. Für Handwerksbetriebe mag die Implementierung eines ERP-Systems durchaus zu aufwendig sein, was sich in der Verbreitung in diesem Segment widerspiegelt. Erst bei Beschäftigungszahlen ab 150 werden 89 % Abdeckung erreicht, hier existiert offensichtlich noch ein enormes ungenutztes Potenzial (Vgl. Saam et al. 2016, S. 13).
- Einen wichtigen Schritt in Richtung Digitalisierung stellt der elektronische Datenaustausch mit Zulieferern und Kunden dar, der bereits von rund 52 % der Unternehmen genutzt wird. Digitale Assistenzsysteme zur Mitarbeiterunterstützung folgen mit 47 %, der Einsatz der Datenverarbeitung zur effizienteren Gestaltung interner Prozesse hinkt mit 26 % abgeschlagen hinterher (Vgl. Saam et al. 2016, S. 14).

Schon bei diesen Basiskomponenten sind demnach große Unterschiede zu verzeichnen, die sich nicht nur auf die Branchen beziehen, sondern vor allem auf die Größe der Unternehmen: Insbesondere kleinere Unternehmen haben hier enormen Nachholbedarf, die Digitalisierung ist hier noch ein nicht greifbares und vor allem wenig relevantes Phänomen.

2.2.2   Zweite Digitalisierungsstufe

Noch weiter gehen die Ergebnisse in Bezug auf vernetzte Information und Kommunikation auseinander, die auch die Integration sozialer Netzwerke in interne und externe Prozesse einbezieht:

- Nur rund 22 % der mittelständischen Unternehmen haben eine bereichsübergreifende Digitalisierungsstrategie überhaupt auf ihrer Agenda stehen. Der Anteil der Unternehmen mit mehr als 150 Beschäftigen beträgt 31 %, bei den Firmen mit fünf bis neun Beschäftigten sind es nur 17 %. Aber auch in Bezug auf die Branche gibt es Unterschiede: Befassen sich 29 % der wissensintensiven Dienstleister mit einer Digitalisierungsstrategie, sind es beim verarbeitenden Gewerbe nur 15 % (Vgl. Saam et al. 2016, S. 20).
- techconsult ermittelte in Bezug auf eine übergreifende Digitalisierungsstrategie einen Anteil von 27 % bei den befragten Unternehmen, befasste sich allerdings mit Firmen ab 500 Beschäftigten. 46 % der Befragten gaben an, einzelne Projekte zu betreiben, um die Digitalisierung schrittweise anzugehen. Für elf Prozent stand das Thema bisher noch nicht auf der Agenda (Vgl. Deutsche Telekom o. J.).
- ARITHNEA erhielt auf die Frage, ob sich die Unternehmen mit der digitalen Transformation beschäftigen würden, von 96 % ein „Ja" als Antwort. Allerdings bestätigen nur 40 %, dass erste Projekte bereits realisiert wären, 18 % setzen die digitale Transformation umfänglich um und vier Prozent hielten nichts von dem Thema (Vgl. ARITHNEA 2016).
- Schon die Ausstattung der Mitarbeiter mit mobilen Endgeräten, die die digitale, vernetzte Kommunikation erleichtern könnten, zeigt die Probleme auf: Im Durchschnitt statten nur 21 % aller mittelständischen Unternehmen ihre Mitarbeiter mit mobilen Kommunikationsgeräten aus, wobei die wissensintensiven Dienstleistungen wiederum mit 40 % die Spitze markieren und das verarbeitende Gewerbe mit 16 % das Schlusslicht darstellt (Vgl. Saam et al. 2016, S. 15).
- Angesichts der Vorteile, die Cloud-Computing insbesondere für kleinere Unternehmen bietet, ist die geringe Nutzung schwer nachzuvollziehen. Im Gegensatz zur kostenintensiven Vorhaltung einer eigenen IT-Infrastruktur lassen sich die abgerufenen IT-Ressourcen nach Verbrauch abrechnen, was nicht nur die Investitionskosten niedrig hält, sondern auch den Aufwand für die Administration reduziert. Derzeit nutzen aber nur 22 % der mittelständischen Unternehmen diese Möglichkeit (Vgl. Saam et al. 2016, S. 17).
- Die gezielte Auswertung von Big Data spielt bislang nur für 19 % des Mittelstandes eine Rolle, wobei auch hier die Anteile in Abhängigkeit von der Unternehmensgröße zwischen 13 und 42 % variieren (Vgl. Saam et al. 2016, S. 18).
- Ebensoviel Potenzial wird in Bezug auf Social-Media-Anwendungen verschenkt, da bislang nur 29 % der Unternehmen überhaupt ein eigenes Profil in den sozialen Netzwerken betreiben, nur sechs Prozent einen unternehmenseigenen Blog

und nur 20 % Dropbox, Google Drive oder ähnliche Plattformen nutzen (Vgl. Saam et al. 2016, S. 18).

Die zweite Digitalisierungsstufe stellt offensichtlich eine große Herausforderung für den deutschen Mittelstand dar, die nur von einem Fünftel in Angriff genommen wird. Ein Blick auf die Beweggründe offenbart, dass nur rund 55 % der mit der Digitalisierung befassten Unternehmen aus eigener Motivation handeln, weil sie die Chancen, die die neuen Technologien eröffnen, erkannt haben und gezielt ausnutzen wollen. Rund 32 % reagieren lediglich auf Anforderungen von Kundenseite und 13 % auf den Druck durch Mitbewerber. Hier wird offensichtlich, dass ein Großteil der mittelständischen Unternehmen das Potenzial noch nicht erkannt hat (Vgl. Saam et al. 2016, S. 21).

2.2.3   Dritte Digitalisierungsstufe

Die gute Nachricht ist:

- Es gibt im Mittelstand durchaus Vorreiter, die ein stark ausgeprägtes digitalisiertes Geschäftsmodell entwickelt haben oder zumindest mit der Entwicklung befasst sind – der Anteil beträgt rund acht Prozent (Vgl. Saam et al. 2016, S. 23).
- Ein Projekt „Industrie 4.0" verfolgen oder planen im Durchschnitt vier Prozent der befragten mittelständischen Unternehmen, wobei die Anteile weit auseinandergehen. Verarbeitendes Gewerbe, das FuE-intensiv ausgelegt ist, schlägt hier mit 16 % zu Buche, der Handel mit zwei Prozent und sonstige Dienstleistungen mit einem Prozent (vgl. Saam et al. 2016, S. 23)
- Eine weitere Kennzahl verdeutlicht ebenso die Situation: Nur rund zehn Prozent der mittelständischen Unternehmen bieten eine eigene App an, um beispielsweise ihren Kunden den Einkauf, die Produktkonfiguration oder die Überwachung der Auftragserledigung in Echtzeit zu ermöglichen. Abhängig von der Unternehmensgröße bewegen sich die Anteile zwischen acht und 25 %, die die Firmen mit mehr als 150 Beschäftigten erreichen (Vgl. Saam et al. 2016, S. 24).

Es ragen also in Bezug auf die Digitalisierung nur einige Spitzen aus der Masse der mittelständischen Unternehmen hervor, von der dritten Digitalisierungsstufe sind die meisten weit entfernt. Um einen genaueren Überblick zum Stand zu erhalten, verwenden sowohl die KfW als auch techconsult die statistische Cluster-analyse mit einer Einteilung in Vorreiter, Mittelfeld und Nachzügler.

2.2.4 Vorreiter, Mittelfeld und Nachzügler im Mittelstand

Sowohl die KfW als auch techconsult teilen entsprechend einer statistischen Clusteranalyse alle mittelständischen Unternehmen bezüglich des Status quo ihrer Digitalisierung in drei Bereiche ein:

- Die Vorreiter – 19 %
- Das Mittelfeld – 49 %
- Die Nachzügler – 32 %

Die 19 % Vorreiter sollten nicht darüber hinwegtäuschen, dass die hier eingestuf-ten Unternehmen mindestens einen relevanten Aspekt der dritten Stufe der Digitalisierung erfüllen. So zählen die mittelständischen Unternehmen dazu, die sich mit einem Projekt Industrie 4.0 befassen, Apps anbieten oder ihr Geschäftsmodell auf digitale Dienstleistungen und Produkte ausrichten (Vgl. Saam et al. 2016, S. 26).

Allerdings befindet sich rund ein Drittel der mittelständischen Unternehmen in Deutschland noch im Grundstadium der Digitalisierung. Dazu gehören u. a. die Firmen, die auch in der Zukunft relativ wenig mit Digitalisierung zu tun haben werden, wie z. B. einige Handwerksbetriebe. Ob diese ohne aktive strategische Digitalisierung zumindest in Marketing und Logistik wettbewerbsfähig bleiben, ist ein anderes Thema. Das große Mittelfeld nutzt zwar einige Anwendungen, schöpft das Potenzial aber nur zu einem Bruchteil aus. Vor allem fehlt es an einer bereichsübergreifenden Digitalisierungsstrategie, um die sich eröffnenden Chan-cen ganzheitlich erfassen und konsequent ausnutzen zu können.

2.3 Art der realisierten Digitalisierungsprojekte

Schon die Segmentierung des Mittelstandes in unterschiedliche Entwicklungs-stufen legt nahe, dass sich die von den mittelständischen Unternehmen bereits in Angriff genommenen Digitalisierungsprojekte auf bestimmte Bereiche kon-zentrieren. Generell sind zwei Investitionsziele zu unterscheiden: Klassische IT-Projekte befassen sich mit den regelmäßigen Investitionen in zusätzliche Hard-ware, weil beispielsweise zusätzliche Mitarbeiter ausgestattet werden, aber auch

Software-Updates, die keine generelle Erweiterung bei den Funktionalitäten bewirken (Vgl. Saam et al. 2016, S. 28). Als weitere Schwerpunkte stellten sich sogenannte „Kompetenzprojekte" (vgl. Saam et al. 2016, S. 28) heraus, die vor allem aus Weiterbildungen, Beratungsdienstleistungen und Reorganisation bestehen. Angesichts der enormen Herausforderung sind diese Positionen nicht zu unterschätzen.

Technologische Digitalisierungsprojekte
Für den Bereich technologische Digitalisierungsprojekte wurden von der KfW folgende durchschnittliche Werte für alle befragten Unternehmen ermittelt (vgl. Saam et al. 2016, S. 31):

1. Einführung neuer Software – 47 %
2. Einführung neuer Hardware – 45 %
3. Einführung neuer Sicherheitskonzepte – 38 %
4. Neugestaltung der Unternehmenswebseite – 33 %
5. Einführung neuer Bezugsformen wie Cloud-Computing – 25 %
6. Vernetzung von Geschäftsbereichen und -prozessen – 21 %

Daraus lässt sich ableiten, dass die deutschen mittelständischen Unternehmen in den Jahren 2013 bis 2015, die die Erhebung (KfW 2016) umfasst, bevorzugt in die IT-Infrastruktur investiert haben. Die digitale Vernetzung, die den eigentlichen Effizienzschub oder die Entwicklung disruptiver Geschäftskonzepte bewirken kann, wurde nur von einem Fünftel der Unternehmen thematisiert (Vgl. Saam et al. 2016, S. 31).

Digitale Kompetenzprojekte
Diese Projekte zählen nicht zu den klassischen Investitionen, sind aber zur Umsetzung der digitalen Transformation unverzichtbar. Folgende Durchschnittswerte konnten hier für die Jahre 2013 bis 2015 von der KfW erhoben werden (vgl. Saam et al. 2016, S. 31):

1. Weiterbildung im Bereich IT – 40 %
2. Beratungsleistungen im Bereich IT – 34 %
3. Reorganisation-Workflow – 27 %
4. Neues Konzept Online-Marketing/-Vertrieb – 22 %

Während Weiterbildungen noch relativ oft von den mittelständischen Unternehmen wahrgenommen wurden, sind die Prozessoptimierungen auch in puncto

Kompetenz deutlich schlechter gestellt. Das ist umso verwunderlicher, als sich hier am schnellsten Effekte erzielen lassen – und das sowohl beim kleineren Dienstleister als auch in Handwerk oder Gewerbe.

2.4   Der Status quo der Digitalisierung

Generelle Verteilung der Digitalisierungsprojekte nach Unternehmensgröße
Je jünger das Unternehmen, desto höher der Anteil an Technologieprojekten – mit 84 %liegen die Firmen, die weniger als zehn Jahre alt sind, deutlich über dem Durchschnitt von 52 %. Einerseits kann dies am vergleichsweise höheren Aufwand liegen, bereits etablierte Prozesse zu digitalisieren, andererseits dürfte ein jüngeres Team naturgemäß höhere IT-Kompetenzen mitbringen (Vgl. Saam et al. 2016, S. 30).

Nicht verwunderlich ist hingegen, dass sich die zur Gruppe der Vorreiter gehörenden mittelständischen Unternehmen mit rund einem Drittel deutlich intensiver mit der internen Vernetzung verschiedener Geschäftsbereich und -prozesse befassen. Ebenso liegen sie bei der Einführung neuer Webseiten – hier besteht die größte Differenz zu den Nachzüglern – und bei den Kompetenzprojekten vorn. Rund die Hälfte der Vorreiter beschäftigt sich mit dem eigenen Workflow, der im Zuge von Digitalisierungsprojekten reorganisiert werden soll – bei den Nachzüglern beträgt der Anteil gerade einmal sieben Prozent. Wie die Erhebungen bestätigen, sind die Nachzügler vor allem in Bezug auf die Kompetenzprojekte weniger aktiv, was naturgemäß die Einführung komplexerer Anwendungen zur Vernetzung erschwert (Vgl. Saam et al. 2016, S. 34).

Der Digitalisierungsindex
Die Auswertung von techconsult gestaltet sich ähnlich: Einem Großteil der befragten Unternehmen wird bescheinigt, die Bedeutung der Digitalisierung erkannt und zumindest die Initiative ergriffen zu haben. Es gibt jedoch eine große Diskrepanz zwischen den Vorreitern und den restlichen Unternehmen, die sich am Digitalisierungsindex ablesen lässt. Dieser Digitalisierungsindex, der maximal 100 Punkte betragen kann, setzt sich bei techconsult aus 64 Kriterien zusammen, die sich beispielsweise auf die Unternehmenswebseite beziehen und bis zur Entwicklung neuer digitaler Dienstleistungen und Produkte reichen. Bei den in Bezug auf die Digitalisierung untersuchten Handlungsfeldern handelt es sich um Kundenbeziehungen und -service, Produktivität, Geschäftsmodell und IT-Sicherheit respektive Datenschutz.

Im Durchschnitt konnten die deutschen mittelständischen Unternehmen hier einen Wert von 52 Punkten erreichen, nur zehn Prozent der Unternehmen kommen auf den durchschnittlichen Spitzenwert von 89 Punkten.

Beim Thema IT-Sicherheit und Datenschutz kann ein durchschnittlicher Punktwert von 60 erreicht werden, was nicht zuletzt der öffentlichen Diskussion um Spionage, Cyberangriffe und geänderte rechtliche Rahmenbedingungen geschuldet sein dürfte. Insbesondere die Regelungen zum Datenschutz haben dafür gesorgt, dass auch kleinere Unternehmen sich mit diesem Thema auseinandersetzen.

In puncto Kundenbeziehung und -service konnte laut techconsult ein Wert von 51 Punkten als Durchschnittswert ermittelt werden. Die mittelständischen Unternehmen nutzen demnach die digitalen Kanäle zum Informationsaustausch, zum Ausbau der Kundenbeziehungen und auch zum Online-Verkauf, was sich schon wegen des günstigen Kosten-Nutzen-Verhältnisses anbietet. Hier fällt es vor allem dem Mittelstand offensichtlich noch schwer, die unterschiedlichen Kanäle gleichzeitig und bedarfsgerecht zu bespielen und damit das vorhandene Potenzial effizient auszuschöpfen.

Wie zu erwarten war, erreichten die Unternehmen im Bereich Geschäftsmodell mit 46 Punkten das schlechteste Ergebnis, da auch die strategische Ausrichtung der Unternehmen einbezogen wird. Der für einen Erfolg vorausgesetzte Digitalisierungsgrad wird demnach nur von wenigen mittelständischen Unternehmen erreicht, auch wenn es durchaus Ansätze gibt, wie beispielsweise die Auswertung von Kundendaten zur individuellen Ausrichtung weiterer Dienstleistungsangebote oder die Veredelung herkömmlicher Produkte durch vernetzte Funktionen zu Smart Products (Vgl. Deutsche Telekom o. J.).

Die Studie von ARITHNEA zeigt folgende Ergebnisse:

- Mit 96 % ist der Anteil der ermittelten Unternehmen, für die die digitale Transformation bereits ein Thema ist, sehr groß.
- 79 % sehen vor allem im „Internet of Things" interessantes Potenzial.
- Das Argument der Wettbewerbsfähigkeit führten 73 % ins Feld, was auf eine intensivere Auseinandersetzung mit den sich neu eröffnenden Möglichkeiten schließen lässt.

2.5 Die wesentlichen Hemmnisse auf dem Weg in die Digitalisierung

Hier weichen die Studien, die den Ursachen auf den Grund gehen – nämlich von KfW Research und ARITHNEA – voneinander ab:

- Mangelnde IT-Kompetenzen bei den Mitarbeitern
- KfW Research ermittelte repräsentativ 68 % der Unternehmen, die über fehlende interne IT-Kompetenzen klagen, ARITHNEA stellte bei den 50 größeren Firmen nur 32 % fest.
- Datenschutz und -sicherheit
- Für 62 % der KfW-Unternehmen spielt dieser Punkt eine große Rolle als Hinderungsgrund, sich mehr der digitalen Welt zu öffnen. ARITHNEA hat nicht explizit danach gefragt.
- Hohe Investitionsaufwände und laufende Kosten
- Hier besteht Einigkeit: Die Studien weisen für diesen Grund jeweils einen Anteil von 59 bzw. 56 % aus. Die Kostenfrage ist demnach nicht zu unterschätzen.
- Geschwindigkeit der Online-Verbindung
- Dieser Aspekt wurde nur von der KfW aufgegriffen, allerdings ist er wichtig, denn 58 % der Unternehmen scheinen mit der Qualität der Internetverbindung ein Problem zu haben.
- Anpassung der Unternehmensorganisation
- Für 57 % der KfW-Unternehmen ist dieser Aufwand zu hoch, bei ARITHNEA haben 20 % über eine zu starre Organisation geklagt.
- Mangel an geeigneten IT-Spezialisten
- Hier sehen 55 % der von der KfW befragten Firmen ein gravierendes Hemmnis bei der digitalen Transformation, die andere Studie fragt nicht danach. Allerdings geben dort 34 % der Unternehmen an, dass das Thema Digitalisierung zu umfangreich sei und sich kaum organisieren ließe.
- Darüber hinaus führten die Studienteilnehmer die vorhandene IT-Struktur als Hemmnis ins Feld, da deren Umstellung für die KfW-Unternehmen zu 54 % ein zu großes Unterfangen wäre. Bei den von ARITHNEA befragten Unternehmen befanden 14 % ihre IT als nicht flexibel genug.
- Der Anteil der Unternehmen, die gegenüber KfW Research fehlende Informationen zum Nutzen und zu den Anwendungsmöglichkeiten der Digitalisierung ins Feld führten, ist mit 54 % ausgesprochen hoch.

- Darüber hinaus herrscht verbreitet Unsicherheit in Bezug auf künftige digitale Standards (KfW – 52 %) und zur Frage nach den weiteren technologischen Entwicklungen (KfW – 47 %) (Vgl. KfW 2016).
- Letztendlich gaben 32 % der KfW-Unternehmen an, nicht über ausreichende Finanzierungsmöglichkeiten zu verfügen (Vgl. Zimmermann 2016, S. 5).

2.5.1 Die Kostenfrage – hier scheiden sich die Geister

Eine Analyse zu den unterschiedlichen Ausgabevolumina im Rahmen der KfW-Studie bestätigt den Trend zur Strategie der kleinen Schritte: Mit 46 % gab fast die Hälfte der mittelständischen Unternehmen in der Zeit von 2013 bis 2015 weniger als 10.000 EUR jährlich für Projekte zur Digitalisierung aus. Rund 17 % sparten sich diese Ausgaben komplett, nur fünf Prozent investierten mehr als 100.000 EUR pro Jahr. Das Gesamtvolumen, das der deutsche Mittelstand jährlich für die Digitalisierung aufbringt, umfasst ca. 10 Mrd. EUR (Vgl. Zimmermann 2016, S. 4).

Der Blick auf die Finanzierungsquellen offenbart dann auch das Problem vieler mittelständischer Unternehmen, denn zu 77 % werden die notwendigen Investitionen für Digitalisierungsprojekte aus dem Cashflow bestritten – bei anderen Sachinvestitionen beträgt dieser Anteil nur 58 %. Für einen Großteil der kleineren Firmen dürfte dies nicht einfach zu realisieren sein. Alternative Leasing-Modelle und Pay-per-Use-Varianten nehmen immerhin 17 % ein, hier hält sich das Verhältnis zu den sonstigen Investitionen die Waage. Anders sieht es bei Bankkrediten aus: Digitalisierungsprojekte werden nur zu vier Prozent kreditfinanziert, Sachinvestitionen zu 21 % (Vgl. Zimmermann 2016, S. 4).

An diesem Punkt ist ein Vergleich mit Innovationsvorhaben angebracht, denn die Parallelen drängen sich auf: Auch Innovationen werden bevorzugt aus den laufenden Einnahmen finanziert, was nicht zuletzt dem speziellen Projektcharakter bei hohem Risiko geschuldet sein dürfte. Aus Sicht der externen Kapitalgeber lässt sich die Erfolgschance nur schwer einschätzen, da beispielsweise in Bezug auf die Digitalisierung noch keine Klarheit zu künftigen Standards und rechtlichen Rahmenbedingungen herrscht. Darüber hinaus lassen sich die Effekte nur schwer bewerten, zumal für die Projekte in der Regel zunächst Personalkosten und andere Vorleistungen anfallen. Im Gegenzug werden vergleichsweise wenig materielle Güter angeschafft, was die Möglichkeiten der Sicherheitenstellung im Projekt selbst insgesamt reduziert. Daraus resultieren wiederum ungünstigere Konditionen, wenn überhaupt ein Kapitalgeber oder Geldinstitut zur Finanzierung bereit ist (Vgl. Zimmermann 2014).

Aus diesen Ergebnissen leiten sich effektive Ansatzpunkte für die Politik ab, dem deutschen Mittelstand mit besseren finanziellen Rahmenbedingungen die digitale Transformation zu erleichtern, beispielsweise in Form von Bürgschaften oder Fördermitteln. Weiterer Handlungsbedarf ergibt sich in Bezug auf die rechtlichen Rahmenbedingungen, die Gegenstand von Forschungsprojekten sein könnten.

2.5.2   Kompetenzen und technische Voraussetzungen

Die fehlenden internen IT-Kompetenzen, die schwierige Anpassung der Unternehmensorganisation und der Mangel an IT-Spezialisten werfen weitere Probleme auf, die mit dem Fehlen von Informationsmöglichkeiten zum Nutzen und den Anwendungsmöglichkeiten der Digitalisierung korrespondieren. Hier besteht ein enormer Nachholbedarf – und das sowohl in Bezug auf die internen Strukturen und Prozesse in den Unternehmen selbst als auch auf die Angebote zur Information und Weiterbildung. Diese Hemmnisse müssen dringend abgebaut werden, um die digitale Transformation des Mittelstandes überhaupt möglich zu machen.

Dass sich Unternehmen heute über die Internetgeschwindigkeit beklagen, spiegelt den hohen Investitionsbedarf durch den Staat wider: Nur stabile und schnelle Online-Verbindungen eröffnen das komplette Potenzial der Digitalisierung. Allerdings steigen auch die Ansprüche der Nutzer, was nicht zuletzt den immer komplexer werdenden Anwendungen geschuldet ist. Webseiten, die zwar eine anspruchsvolle Architektur, aber eben zu lange Ladezeiten aufweisen, verfehlen das eigentliche Ziel – nämlich die Umsatzsteigerung. In einem modernen und industrialisierten Land wie Deutschland sollte es keine weißen Flecken mehr auf der Hochgeschwindigkeits-Internet-Landkarte geben.

2.6   Fazit: Wo steht der Mittelstand in puncto Digitalisierung?

Über die Bedeutung der Digitalisierung im Allgemeinen herrscht zwar Einigkeit, allerdings gehen schon die Begriffsdeutungen weit auseinander, das gilt erst recht für die Einschätzung der Relevanz in Bezug auf das eigene Unternehmen. Natürlich wird die digitale Transformation als ausschlaggebend für die Erhaltung der Wettbewerbsfähigkeit deutscher Unternehmen angesehen, schließlich hat der Mittelstand in puncto Innovation einen guten Ruf zu verlieren. Und doch steht er erst ganz am Anfang der digitalen Transformation, auch wenn der öffentliche Diskurs hier eine gewisse Erwartungshaltung schürt.

Der Digitalisierungsgrad variiert zwar stark, aber es lässt sich festhalten, dass knapp ein Drittel der mittelständischen Unternehmen bislang nicht über das Grundstadium hinausgekommen ist. Weniger als 20 % können sich als Vorreiter bezeichnen, weil sie sich bereits einiger Elemente eines auf digitalen Produkten oder Dienstleistungen beruhenden Geschäftsmodells bedienen oder sich mit Industrie 4.0 befassen – der große Rest bewegt sich im Mittelfeld. Damit sind durchaus einzelne Digitalisierungsprojekte gemeint, allerdings wird das Potenzial bei Weitem noch nicht ausgeschöpft.

Das spiegelt sich auch bei den Investitionen in die Digitalisierung wider: Der Betrag von 10.000 EUR jährlich ist für fast die Hälfte des Mittelstands die absolute Obergrenze, nur fünf Prozent wenden mehr als 100.000 EUR pro Jahr auf. Da diese Mittel zu 77 % aus den laufenden Einnahmen bestritten und nur zu vier Prozent von Banken finanziert werden, lassen sich die Probleme insbesondere für kleinere Firmen nachvollziehen. Die derzeit verfügbaren Förderprogramme, die insbesondere von weit entwickelten Industrieunternehmen genutzt werden, weisen deutlich zu hohe Hürden für den Mittelstand auf. Hier empfehlen sich leicht zugängliche Maßnahmen, die die Implementierung von Anwendungen sowie den Aufbau von internem Know-how unterstützen.

Als weitere Hemmnisse bei der digitalen Transformation stellen sich nämlich insbesondere mangelnde Kompetenzen, aber auch Probleme in Bezug auf den Datenschutz und Datensicherheit sowie neben den hohen Kosten vor allem die mangelhaften Internetgeschwindigkeiten heraus. Hier ist die Politik gefragt, die zwar ein flächendeckendes Gigabit-Netz als Zielstellung formuliert hat, diesem Vorhaben aber auch zügig Taten folgen lassen muss. Der Mittelstand wäre nämlich mit eigenen Lösungen finanziell noch stärker überfordert, sodass eine Unterstützung von staatlicher Seite unverzichtbar ist.

Die Industrie hat zwar im Vergleich zum Mittelstand in puncto Digitalisierung die Nase vorn, aber für alle Unternehmen gilt, dass für den Datenschutz und Datensicherheit gesetzliche Regelungen mit Weitblick erforderlich sind. Gleichzeitig ist der Mittelstand selbst gefragt, sich zu den relevanten Themen, wie beispielsweise zum Umgang mit digitaler Kriminalität, weiterzubilden. Handlungsbedarf besteht ebenso bei der Entwicklung von IT-Kompetenzen – und zwar sowohl intern in den Unternehmen selbst als auch auf dem Arbeitsmarkt, der sich im Zuge der Digitalisierung gravierend verändern wird. Ohne die Entwicklung neuer Berufsbilder und der geeigneten Ausbildungsgänge lassen sich die Hemmnisse bei der Umsetzung von Digitalisierungsprojekten nicht abbauen.

Allerdings ist schon jetzt dringend eine Informations- und Schulungskampagne notwendig: Der enorme Anteil der Unternehmen, die den Nutzen und die möglichen Effekte, die die Digitalisierung eröffnet, überhaupt nicht einschätzen können, sollten hier nachdenklich machen. Wenn weder die Einsparpotenziale durch den Einsatz digitaler Technologien noch die erzielbaren Verbesserungen in der Produktqualität, in der Optimierung von Prozessen und bei der Senkung des Energieverbrauchs für mittelständische Unternehmen nachvollziehbar sind – warum sollten sie sich dann mit der Digitalisierung befassen? Wenn sie nicht erkennen, dass sie als potenzielle Zulieferer von Industrieunternehmen 4.0 Glied einer automatisierten Lieferkette werden und dazu kompatibel ausgestattet sein sollten, werden sie nicht von ihren traditionellen und bewährten Organisationsformen abweichen und den Sprung ins Neue wagen.

Digitalisierungsbereiche 3

Im Vorangegangenen wurde es bereits deutlich: Ein Unternehmen ist dann gut gerüstet für den digitalen Wandel, wenn es eine Unternehmenskultur hat, die darauf ausgerichtet ist, Veränderungen schnell aufzugreifen und mit allen Geschäftsprozessen darauf zu reagieren. Wie dies erreicht werden kann, erläutern die folgenden Ausführungen.

3.1 Unternehmens- und Veränderungskultur: Erfolgsfaktoren für den Wandel

Die Zusammenarbeit von Menschen in Unternehmen verändert sich vor allem dadurch, dass sie immer stärker funktions-, bereichs- und standortübergreifend agieren. Als Sinnbild dafür lässt sich ein Foto von Meg Whitman einstufen, die seit 2015 CEO und Präsidentin von Hewlett Packard Enterprise ist: Das Foto stammt aus dem Jahr 2012 und zeigt Meg Whitman an ihrem Arbeitsplatz – nicht etwa ein vornehmes Eckbüro im 57. Stockwerk des Firmengebäudes, sondern ein „Cubicle", also ein durch halbhohe Wände sicht- und schallgeschützter Schreibtisch in einem Großraumbüro (Bort 2012). Durch den Verzicht auf standesübliche und konservative Privilegien zeigte Meg Whitman schon damals, dass ihr äußerliche Statussymbole unwichtig sind – ein klar erkennbares Zeichen von veränderten Strukturen.

Führung wandelt sich also, und mit ihr auch die Kommunikation – in einem modernen, digitalisierten Unternehmen findet sie nicht mehr ausschließlich von oben nach unten statt, sondern auf Augenhöhe. Führungskräfte überlegen sich meist nicht mehr alleine oder in hermetisch abgeschlossenen Kreisen, was zu tun ist, sondern entscheiden dies in enger Abstimmung mit ihren Mitarbeitern. Sie teilen ihr Wissen und machen Informationen und Arbeitsergebnisse ebenso

© Springer Fachmedien Wiesbaden GmbH 2018
A. Ternès und S. Schieke, *Mittelstand 4.0*, essentials,
https://doi.org/10.1007/978-3-658-20917-9_3

zugänglich wie die Kommunikation innerhalb von bis dahin abgeschlossenen Gruppen. Hierarchiestufen und Anweisungen von oben verlieren an Bedeutung. Die Maßgabe „Wissen ist Macht" gilt nicht mehr. Agile und interdisziplinäre Projektteams bringen vielmehr Spezialisten und Experten immer wieder in neuen Teams zusammen, um das unternehmensinterne Wissen bestmöglich zum Wohle des Kunden einzusetzen.

Diese Vorgehensweise setzt auf Werte wie Offenheit, Vertrauen, Wissensaustausch und Wertschätzung. Sie erfordert jedoch ein starkes Umdenken – weg von der hierarchischen Struktur, hin zu offener und transparenter Zusammenarbeit.

3.1.1 Neue Fehlerkultur: Fail fast

Es gibt innerhalb der für die Digitalisierung erforderlichen neuen Unternehmens- und Veränderungskultur einen entscheidenden Punkt: die Fehlerkultur. Wenn es gälte, einen essenziellen Unterschied zwischen den erfolgreichen, von Anfang an primär digitalen Unternehmen des Silicon Valley und dem deutschen Mittelstand auszumachen, dann wäre es sicherlich die hierzulande herrschende Fehlerkultur.

Die konservative deutsche Unternehmenskultur ist geprägt von einem sehr hohen Qualitätsanspruch. Nichts darf schiefgehen, Fehler sind nicht erlaubt. Funktioniert trotzdem etwas nicht, beginnt sofort die Suche nach dem Schuldigen. Dies führt dazu, dass sich kaum jemand aus der Deckung traut. Wer permanent Angst davor hat, Fehler zu machen, ist nicht kreativ, wagt nichts, geht kein Risiko mit neuen Produkten oder Services ein – sondern entwickelt so lange im stillen Kämmerlein vor sich hin, bis er sich 150-prozentig sicher ist, dass nichts schiefgehen kann. Wer Angst hat, lässt auch keine Kritik oder Verbesserungsvorschläge zu. Aber genau die sind notwendig, wenn ein Produkt immer besser und vor allem nutzerorientiert werden soll. Die ausgefeilteste Funktionalität nützt schließlich nichts, wenn niemand sie will und braucht.

„Fail fast" heißt die weitaus erfolgreichere Maxime, und sie besagt, dass Fehler gemacht werden dürfen, vor allem aber, dass sie schnell gemacht werden sollen. Nicht erst dann, wenn der Produktentwicklungszyklus weit fortgeschritten ist, sondern schon sehr früh – beispielsweise im Stadium der Prototypentwicklung: schnelle Ideengenerierung, schneller Prototypbau, um möglichst zügig die Rückmeldung der Testnutzer zu bekommen. Lag das Unternehmen mit seinen Ideen und Prototypen gründlich daneben, ist das wirtschaftlich nicht erheblich, schließlich wurde noch nicht viel Geld ausgegeben. Was das Unternehmen dagegen aus dem Fehler lernen kann, ist ungleich wertvoller – denn die Einschätzung der Testnutzer treibt die weitere Entwicklung des Produkts automatisch in die richtige Richtung.

3.1.2 Die entscheidenden Fragen: Warum und wie?

Wenn Unternehmen in eine neue (digitale) Ära starten wollen, müssen sie sich fundamentale Fragen stellen. Auf den Punkt gebracht, lauten diese Fragen: „Warum?" und „Wie?"

Bei den Antworten auf die Frage „Warum?" geht es immer um Chancen und Bedrohungen durch die schnelle Digitalisierung. Bei den Antworten auf die Fragen „Wie?" geht es um die Fähigkeiten und Vorgehensweisen, die Unternehmen brauchen, um einen nachhaltigen Wettbewerbsvorteil zu erreichen.

Es gibt zwar Statistiken, die belegen, dass viele digitale Transformationen scheitern – der Grund dafür liegt jedoch fast immer darin, dass die Unternehmen Schwierigkeiten haben, zusätzlich zur technologischen Transformation auch die Anforderungen ihrer Organisationsstruktur zu bewältigen und die kulturellen Veränderungen zu implementieren, sprich: diese anzupassen und neu aufzustellen. Auch ihre Strategie müssen sie entsprechend anpassen.

Früher bzw. in einem konventionellen Sinne wurden Strategien auf der Basis eines klaren Verständnisses für den Status quo und das Ziel eines Unternehmens entwickelt: Wo steht das Unternehmen jetzt und wo will es hin? In der digitalen Ära ist es jedoch extrem komplex und schwierig geworden, Annahmen über die Zukunft zu treffen. Stattdessen müssen Unternehmen unterschiedliche Strategien ausarbeiten und gleichzeitig eine grundlegende digitale Agilität entwickeln, um in einem disruptiven Umfeld bestehen zu können.

Diese Fähigkeiten sind Schlüsselfaktoren für die digitale Agilität:

- Überdurchschnittliche Aufmerksamkeit: intensive Aufmerksamkeit der Mitarbeiter eines Unternehmens für externe und interne Einflüsse, Gelegenheiten und Chancen
- Fundierte Entscheidungsfindung: Fähigkeit, schnelle und evidenzbasierte Entscheidungen zu treffen
- Schnelle Umsetzung: getroffene Entscheidungen schnell umsetzen

Diese Fähigkeiten müssen insbesondere in der Führungsebene vorhanden sein. Ist das Senior Management in der Lage, Veränderungen zu erkennen (überdurchschnittliche Aufmerksamkeit), kann es Daten auswerten, faktenbasierte Entscheidungen zu treffen (fundierte Entscheidungsfindung) und diese Entscheidungen auch schnell umzusetzen (schnelle Umsetzung)? Verfügt es also über eine digitale Agilität, sprich: Ist es in der Lage, die ständigen Entwicklungen in der Welt aufzunehmen und darauf beruhend das Unternehmen zu lenken? Oder sind die Führungskräfte vielleicht nur Slow Mover, d. h. zwar in der Lage, unternehmensbezogene Veränderungen zu erkennen und Entscheidungen zu treffen, aber nicht in der Lage, diese umzusetzen? Oder sind sie Fast Follower, d. h., sie wissen, was in der Welt passiert und setzen Veränderungen auch um, aber sie folgen darin nur anderen und treffen keine eigenen Entscheidungen? Der schlimmste Fall: Sie wissen nicht, was passiert, und können demzufolge Entscheidungen weder treffen noch umsetzen. Mehr zu den Schlüsselfaktoren für digitale Agilität lesen Sie im Abschn. 3.2.4.

3.2   Digitales Assessment mit dem Digitalisierungspiano

Das IMD (Wade et al. 2017) hat analysiert, welche Unternehmensbereiche von der digitalen Transformation eigentlich betroffen sind, zehn entscheidende Bereiche identifiziert und daraus das sogenannte „Digitalisierungspiano" abgeleitet – das auf den Abschn. 3.1.2 genannten Schlüsselfaktoren der digitalen Agilität aufbaut. Es ist eines der wichtigsten Werkzeuge, das Unternehmen hilft, Antworten auf die Fragen nach dem „Wie?" der digitalen Transformation zu finden. Dieses Tool teilt die Wertschöpfungskette eines Unternehmens in zehn Bereiche („Tasten") ein, die wiederum drei Kategorien zugeordnet sind: „Digitale Strategie", „Digitales Engagement" und „Digitale Unterstützer". Genau wie bei einem Klavier mehrere Töne angeschlagen werden, damit ein harmonischer Zusammenklang entsteht, werden mehrere Unternehmensbereiche in unterschiedlicher Reihenfolge und Intensität „bespielt", sobald sich ein Unternehmen erfolgreich digital transformieren will. Das heißt, dass nicht alle Unternehmensbereiche gleichzeitig und gleich stark von der digitalen Transformation betroffen sind, sondern zu unterschiedlichen Zeiten und in unterschiedlicher Intensität. Hier gilt es, Prioritäten zu setzen. Das Digitalisierungspiano hilft dabei (Vgl. IMDB Business School 2016).

Anhand der einzelnen Tasten des Digitalisierungspianos kann ein Assessment durchgeführt werden (s. Abschn. 3.2), um herauszufinden und zu visualisieren, welchen Grad der Digitalisierung das Unternehmen im jeweiligen Bereich schon erreicht hat und welchen Grad es anstrebt. Die Differenz zwischen beiden Graden zeigt, wie viel Transformation noch nötig ist. In manchen Bereichen mag die Differenz relativ klein sein, in anderen dafür größer – hier sind dann radikale Veränderungen nötig sind, um den Zielzustand zu erreichen. Schlussendlich müssen sich Unternehmen diesen entscheidenden Fragen stellen, wenn sie in eine neue digitale Ära aufbrechen wollen (vgl. Center for Services Leadership 2017):

- Wie können wir digitale Technologien und neue Methoden nutzen, um unsere Leistungsfähigkeit zu verbessern und den Kundennutzen zu erhöhen?
- Wie können wir digitale Technologien und neue Methoden nutzen, um agiler zu werden?
- Wie ist eine organisationsübergreifende Digitalisierung möglich?

Wer zu einer Reise aufbricht, sollte wissen, von wo aus er sich in Bewegung setzt. Wo ist der Ausgangspunkt? In den Unternehmenskontext übersetzt heißt das: Der erste Schritt auf dem Weg in eine neue digitale Ära besteht darin, den Status quo des Digitalisierungsgrades bzw. der digitalen Fähigkeiten eines Unternehmens zu analysieren.

Das Digitalisierungspiano des IMD bietet dafür eine sehr gut geeignete Ausgangsbasis. Die Grundstruktur wurde schon erklärt, im Folgenden gehen wir ins Detail.

Das Digitalisierungspiano besteht aus drei Kategorien mit den jeweils dazugehörigen Bereichen/Tasten (s. a. Abb. 3.1):

3.2.1   Kategorie 1: Digitale Strategie

Die ersten drei Tasten des Digitalisierungspianos bilden die Kategorie „Digitale Strategie". Entscheidend für den Erfolg der digitalen Strategie ist es, dass der CEO sich zu 100 % dazu bekennt. Wenn er nicht der Sponsor der Strategie ist, kann diese nicht wirksam sein. Deshalb gilt: Sind das Digital Assessment und entsprechend die Erarbeitung einer entsprechenden Strategie nicht ganz oben in Unternehmen angesiedelt, fehlt das Commitment und damit ein wichtiger Erfolgsfaktor. Die Strategie ist auch eine wichtige Voraussetzung für die „Bespielung" der weiteren Bereiche/Tasten des Digitalisierungspianos. Steht die Strategie, ist automatisch klar, wann und wie die anderen Bereiche/Tasten zu bedienen sind.

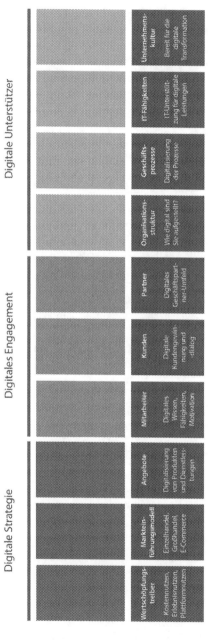

Abb. 3.1 Digitalisierungspiano. (Quelle: © The Global Center for Digital Business Transformation, IMD 2017. Used with permission)

Taste 1: Wertschöpfungstreiber – Kostennutzen, Erlebnisnutzen, Plattformnutzen

Wertschöpfungstreiber sind die Bereiche, in denen der Kunde am stärksten vom Unternehmensangebot profitiert. Dabei können drei Wertschöpfungstreiber unterschieden werden:

1. **Plattformnutzen:** Ein Unternehmen schafft es, die Marktteilnehmer über eine Plattform zu binden und zu verbinden – wie beispielsweise Amazon.
2. **Erlebnisnutzen:** Gleichzeitig gelingt es Amazon, den Marktteilnehmern eine positive Erfahrung zu verschaffen. Die Kunden kaufen dort nicht nur die unterschiedlichen Konsumgüter, sondern bekommen wertvolle Informationen über die Produkte von anderen Kunden, Empfehlungen für weitere passende Produkte, schnellen Service etc.
3. **Kostennutzen:** Amazon generiert mit seiner Plattform aber auch einen Kostenvorteil für seine Kunden – die Produkte und Dienstleistungen sind oftmals so günstig wie sonst nirgends.

Unternehmen sind also gefordert, sich zu überlegen, in welchem Bereich sie eine Wertsteigerung ermöglichen wollen. Indem sie eine Plattform für ihre Kunden schaffen? Indem sie ihnen außergewöhnliche Erfahrungen ermöglichen? Oder indem sie attraktive Kostenvorteile bieten?

Beispiel dafür ist neben Amazon auch Audi mit seiner Plattform „Connected Car". Audi ist es gelungen, zusätzlichen Wert über diese Plattform zu schaffen und mit dem Flagship-Store „Audi City" das Einkaufserlebnis für die Kunden massiv zu verbessern. Auch General Electric und Nike setzen auf den Wertschöpfungstreiber Plattform.

Im Grunde geht es hier um das Geschäftsmodell und um die Frage: Können Sie mit Disruption umgehen? Unternehmen, die ihr Geschäftsmodell digital transformieren möchten, sollten sich im Rahmen der Strategieerarbeitung mit den folgenden Fragen auseinandersetzen:

- Welche Auswirkung hat die Digitalisierung auf Ihr Geschäftsmodell?
- Wie wichtig ist E-Commerce für Ihr Geschäft?
- Womit erwirtschaften Sie den meisten Profit?
- Was sind Ihre größten Kundensegmente, wie werden sie sich in der Zukunft eventuell ändern?
- Wie differenzieren Sie sich derzeit von Ihren Mitbewerbern?
- Und wie wichtig sind diese Kriterien in der digitalen Zukunft?

Für manche Unternehmen wird es darum gehen, ob sie sich – je nach den abzusehenden Veränderungen durch Disruption von außen – besser selbst „zerstören" und ein neues Geschäftsmodell etablieren, bevor es ein anderer tut. Für andere Unternehmen ist es wichtig, sich zu überlegen, ob ihr produktbasiertes Angebot in ihrer Branche noch Zukunft hat oder ob die Kunden lieber das Ergebnis als Dienstleistung kaufen möchten. Von diesem Trend profitiert beispielsweise das Unternehmen Car2Go: Vor allem junge Menschen wollen heute häufig kein eigenes Auto mehr besitzen, sondern zahlen lieber für dessen Nutzung.

Bei der Auseinandersetzung mit diesem Thema spielt natürlich eine Rolle, was sich in der jeweiligen Branche bzw. Industrie des Unternehmens tut. Wie stark ist die Branche bzw. Industrie von der Digitalisierung betroffen? Aufschluss darüber gibt der „Digital Vortex" (s. Kap. 1) – er zeigt an, wie tief im Strudel das Unternehmen agiert. Zu beachten ist dabei immer, dass auch Industrien, die sich am Rand des „Digital Vortex" befinden, nicht vor disruptiver Veränderung gefeit sind. Durch bessere Akkusysteme und Speichermedien für Fotovoltaik sind beispielsweise auch die Energieversorger in Gefahr – sobald die individuellen Haushalte aufgrund der neuen technischen Möglichkeiten ihren eigenen Strom erzeugen oder sich neue Services im Bereich der Energieverteilung etablieren (wie z. B. aktuell die Deutsche Bahn als Anbieter von Ökostrom).

Fallbeispiel Klöckner: Vom Händler zur Plattform

Europas größtem unabhängigen Stahlhändler, Klöckner & Co. SE aus Duisburg, machte in den letzten Jahren die globale Konkurrenz schwer zu schaffen. Entsprechend dramatisch waren auch die Zahlen, die Klöckner verkünden musste: In den ersten neun Monaten 2015 hatte das Unternehmen ein Minus von 85 Mio. EUR gemacht. Dieser Verlust ging aber nicht nur auf das Konto der schlechten Entwicklung des weltweiten Stahlmarktes – der Konzern finanzierte damit auch sein laufendes Restrukturierungsprogramm, dessen Ziel lautet, das Geschäftsmodell des lagergebundenen Stahlhandels hinter sich zu lassen und eine Plattform zu bieten, über die auch Handwerker und andere Geschäftskunden direkt bei den Produzenten einkaufen können. Klöckner wird zum „Amazon des Stahlhandels" – und sogar die Konkurrenz kann diesen Service beanspruchen und damit eigene Kunden beliefern. Der Mehrwert dieser Plattform stellt gleichzeitig die drei Werttreiber der Digitalisierung dar:

1. **Kosten:** Kunden haben die Möglichkeit, die Angebote der Hersteller direkt zu vergleichen und günstiger als bisher zu kaufen, da der Zwischenhändler ausgeschaltet ist

2. **Plattform:** Die verschiedenen Marktteilnehmer können sich direkt miteinander vernetzen, es entsteht ein Ökosystem, von dem langfristig alle profitieren.
3. **Einkaufserlebnis:** Online abrufbar sind beispielsweise weitere Informationen, der Bestellstatus etc.

Klöckner hat dank der Digitalisierung einen sehr cleveren Schachzug gemacht: Bevor ein Konkurrent auf die Idee mit dieser Plattform kam und das Geschäftsmodell von Klöckner damit zerstört hätte, erledigte das Klöckner lieber selbst. „Disrupt yourself", lautete das Motto. Für 2016 hatte Vorstandsvorsitzender Gisbert Rühl ein sehr viel besseres operatives Ergebnis versprochen als 2015 – selbst wenn die weltweite Konkurrenz weiterhin so stark bleiben sollte. Und er konnte sein Versprechen halten: Das Geschäftsjahr 2016 schloss der Konzern mit einem EBITDA von 196 Mio. EUR ab. Das Konzernergebnis war mit 38 Mio. EUR nach den Verlusten im Vorjahr wieder positiv und war damit das beste operative Ergebnis seit fünf Jahren.

Fallbeispiel Burberry: Omni-Kanal-Strategie at its best

Die britische Modemarke Burberry ist eindeutig ein Vorreiter in Sachen Omni-Kanal-Strategie: Dem Unternehmen gelingt es immer wieder, virtuelle und reale Markenwelt miteinander zu verbinden und den Kunden ein durchgängiges, konsistentes Online- und Offline-Markenerlebnis zu verschaffen.

Der Flagship-Store in London ist quasi ein digitaler Erlebnispark: An den Wänden hängen riesige Bildschirme, die Videos und Live-Streams zeigen. Nähert sich ein Kunde mit einem Burberry-Kleidungsstück, erkennt der nächsthängende Bildschirm den Chip, der in dem Kleidungsstück eingenäht ist, und zeigt sofort ein Video, in dem das entsprechende Kleidungsstück inszeniert wird. Die „Magic Mirrors" in den Umkleidekabinen zeigen automatisch weitere Informationen zu dem Kleidungsstück, das die Person vor dem Spiegel gerade anprobiert. Kunden können Kleidungsstücke auch vor dem Kauf individuell gestalten lassen und beispielsweise Materialien auswählen, das Kleidungsstück mit ihrem Namen versehen lassen oder den Schnitt individuell anpassen – und das alles via Mobiltelefon, über die Magic Mirrors in den Filialen oder beim Kundenservice. Sämtliche Verkaufsberater bei Burberrys sind mit iPads ausgestattet und können für jeden Kunden dessen Einkaufshistorie abrufen und ihm direkt gewünschte Details zu den Produkten nennen, beispielsweise Verfügbarkeit, Lieferzeit und Personalisierungsoptionen. Insgesamt

fühlen sich Kunden sehr individuell angesprochen, weil sie passgenaue Angebote erhalten – das steigert die Kundenbindung und natürlich die Umsätze.

Taste 2: Markteinführungsmodell – Einzelhandel, Großhandel, E-Commerce
Steht die Strategie fest, geht es darum, zu überlegen, wie ein Unternehmen an
den Markt geht. Hat das Unternehmen schon einen digitalen Distributionsansatz?
Wie sieht der Vertriebsweg generell aus? Über welche Kanäle vertreibt es seine
Dienstleistungen und Produkte? Ist eine E-Commerce-Plattform machbar und
sinnvoll? Es gilt, alte und neue Möglichkeiten auszuloten – denn die Zahl der
Kanäle ist heute um einiges größer als noch vor wenigen Jahren. Wichtig ist eine
gründliche Analyse: Wer genau sind die Käufer und wo halten sie sich auf, sprich:
Wo erreicht das Unternehmen sie?

Taste 3: Angebote – Digitalisierung von Produkten und Dienstleistungen
Im dritten und letzten Schritt der Kategorie „Digitale Strategie" stehen die Produkte und Dienstleistungen im Mittelpunkt. Produkte und Dienstleistungen verändern sich stark. Dabei lassen sich einige Tendenzen feststellen: Aus analogen
werden digitale Produkte – wie bei den Medienangeboten (E-Newspaper und
E-Books) zu beobachten ist. Andere Produkte werden um einen digitalen Nutzen
erweitert: Beispielsweise können Taxifahrten per App bezahlt werden oder Sport-
schuhe zeichnen das individuelle Nutzerverhalten bzw. die Leistung des Nutzers
auf und machen diese online abrufbar. Darüber hinaus gibt es immer mehr per-
sonalisierte Produkte – ob es um Müsli, Turnschuhe oder Komponenten für die
Möbelproduktion geht: Die modernen Fertigungsanlagen der Industrie 4.0 produzieren alles so, wie die Kunden es sich wünschen. Schließlich lassen sich durch
digitale Fertigung Produkte auf gänzlich andere Art und Weise herstellen – wie
beispielsweise mit 3-D-Druckern; auch dies wird den Markt dauerhaft und stark
verändern. Hier ist es also wichtig, dass Unternehmen die Wünsche und Anforderungen ihrer Kunden intensiv einbeziehen. Der Kunde sagt, wo es langgeht.
    Unternehmen sollten sich folgende Fragen stellen:

- Sind Ihre Produkte und Dienstleistungen bereits digital erweitert?
- Können Sie den Kundennutzen durch neue, digitale Elemente steigern?
- Können Sie eine Wertschöpfung mit rein digitalen Produkten und Dienstleis-
  tungen erreichen?

Hinterlassen Produkte, während sie sich bewegen oder funktionieren, keine
Daten, sind sie für die Digitalisierung verloren. Eine Pumpe z. B., die automatisch über einen Sensor bestimmte Vibrationswerte misst, bietet viel Wert, weil

man über einen Sensor erkennen kann, ob und wann sie genutzt wird, ob sie ausfällt, wie hoch generell die Lebensdauer ist bzw. wann die nächste Wartung ansteht. So lassen sich Kundenservice und das Produkt permanent optimieren. Es gilt, die Angebote digital anzureichern und um entscheidende Mehrwerte zu verbessern – aus einem „dummen" Produkt ein „intelligentes" Produkt zu machen, das sowohl mit dem Verbraucher als auch mit dem Unternehmen vernetzt ist. Und es gilt, sich zu überlegen, ob es tatsächlich physische Produkte sein sollen – oder ob es nicht sinnvoller ist, statt der Turbine die Leistung der Turbine zu verkaufen, so wie es General Electrics tut. Mobilität statt Autos. Bewegung von x Tonnen am Tag statt Gabelstapler. Diese „Produktverschiebung" bedeutet eine massive Erleichterung der Verbraucher, denn sie kaufen damit einen Service und müssen sich nicht mehr um die Instandhaltung der Turbine, Autos und Gabelstapler kümmern. Sie bedeutet aber für die Unternehmen auch eine große Veränderung: Sie müssen ihre internen Prozesse neu ausrichten und das tun, was sie schon seit vielen Jahren vorgeben: den Kunden tatsächlich in den Mittelpunkt stellen.

Fallbeispiel Axel Springer: Transformation vom Zeitungsmacher zum Nachrichtendienstleister

Dass Printmedien ein großes Problem haben, ist bekannt: Mit ihren gedruckten Inhalten machen sie immer weniger Umsatz. Wer erst jetzt anfängt, Kosten zu sparen oder sich nach neuen Einnahmequellen umzuschauen, ist längst abgehängt vom Geschäft. Das Medienunternehmen Axel Springer geht hier schon seit einigen Jahren sehr konsequent einen anderen Weg – und holt die Kunden dort ab, wo sie am liebsten ihre Medien konsumieren: im Internet. Dank geschickter Verkäufe und Neuerwerbungen, Bezahlangeboten und Online-Werbung gelang es Axel Springer, 2014 mehr als die Hälfte von Umsatz und Gewinn im digitalen Geschäft zu erwirtschaften. So verkaufte das Verlagshaus beispielsweise die Regionalzeitungen „Berliner Morgenpost" und „Hamburger Abendblatt" sowie etliche Frauen- und Programmzeitschriften und übernahm zusammen mit einem Finanzinvestor das israelische Rubrikenportal yad2, in dem täglich mehr als 10.000 Immobilien-, Auto- und Kleinanzeigen eingestellt werden. Durch das Wachstum im Bereich der digitalen Medien gelingt es Axel Springer, die Verluste im Printgeschäft zu kompensieren – die digitalen Medien steuerten 2014 rund zwei Drittel zum Gewinn des Unternehmens bei. Im Jahr 2016 erwirtschaftete der Konzern 67,4 % des Konzernumsatzes und 72,5 % des Konzern-EBITDA mit digitalen Aktivitäten. Die höchsten Zuwächse erreichte das Unternehmen beim Geschäft mit den digitalen Rubrikenanzeigen – die

Erlöse stiegen um 16,8 % auf 879,5 Mio. EUR. Laut Axel Springer ist dies das umsatzstärkste Rubrikengeschäft weltweit.

Für Axel Springer gab es keine Alternative zu dieser Umstellung des Geschäfts – die Mediennutzungsgewohnheiten der Menschen haben sich zu stark verändert.

Fallbeispiel igus: Digitale Produktion für jegliche Anforderungen

Die igus GmbH mit Hauptsitz in Köln stellt Kunststoffgleitlager und Energieführungsketten aus Vollkunststoff sowie flexible Spezialleitungen her. Das Unternehmen gehört zu Deutschlands Hidden Champions – und zwar nicht zuletzt deshalb, weil es sich und seine Prozesse so aufgestellt hat, dass es den Kunden seine Produkte uneingeschränkt maßgefertigt anbieten kann.

Wichtiges Umsatzfeld des Kölner Spezialisten ist beispielsweise die Robotik-Industrie. Die Kunden können ein Baukastensystem aus Robotergelenken kaufen, das sie beliebig mit Steuerungselementen und Werkzeugen kombinieren und so auf ihren eigenen Bedarf ausrichten können. Auch andere Produkte wie Gleitlager werden den Anforderungen der Kunden entsprechend produziert, und zwar schon in kleinsten Stückzahlen – alles digital gestützt und mithilfe smarter Technologien vernetzt: Industrie 4.0 verändert Geschäftsmodelle.

3.2.2 Kategorie 2: Digitales Engagement

Die nächsten drei Tasten des Digitalisierungspianos bilden gemeinsam die Kategorie „Digitales Engagement". Es geht um die Zusammenarbeit mit Mitarbeitern, Kunden und Partnern. Wie ist sie gestaltet? Eines der Meta-Themen dieser Kategorie ist sicherlich die Kommunikation. Aber auch der Umgang mit Informationen spielt eine wichtige Rolle. Wie werden Informationen im Unternehmen generell verarbeitet, gespeichert, gemanagt? Hierarchisch und strukturiert? Oder flach und unstrukturiert, dabei gut verfügbar und auffindbar?

Die Erwartungen, die Kunden an Unternehmen haben, sind ganz andere als noch vor zehn oder 20 Jahren. Die Zeiten, in denen es ausreichte, die Kunden mit einem Markenimage zu beeindrucken, sind für Unternehmen endgültig vorbei. Kunden wollen es nicht mit arroganten und unnahbaren Konzernen zu tun haben, sondern erwarten freundliche und unkomplizierte Helfer auf Augenhöhe. Sie wollen mit Unternehmen genauso kommunizieren, wie sie es aus ihrem privaten Umfeld kennen – schnell, direkt und persönlich. Und sie wollen in die Prozesse der Unternehmen einbezogen werden und beispielsweise genau wissen, wo sich ihre bestellte Ware befindet oder ob die Filiale in ihrer Nähe das gewünschte Produkt vorrätig hat. Deshalb müssen sich Unternehmen sehr viel stärker auf ihre Kunden ausrichten – und das heißt in erster Linie mit ihnen kommunizieren.

Taste 4: Mitarbeiter – Digitales Wissen, Fähigkeiten, Motivation
Digitaler Wandel betrifft das gesamte Unternehmen, und deshalb ist auch jeder einzelne Mitarbeiter davon betroffen. Ein Unternehmen, das sich einer digitalen Transformation unterzieht, kann nur dann erfolgreich sein, wenn es seine Mitarbeiter auf diese Reise mitnimmt. Jeder braucht Unterstützung, um den radikalen Wandel und den damit einhergehenden Kulturwandel zu verarbeiten und produktiv umzusetzen. Digitaler Wandel hat viel mit Technologie zu tun – aber mindestens genauso viel mit den Menschen, die aus dem Wandel heraus die neue Unternehmensrealität gestalten.

Es geht also um die digitalen Skills der Mitarbeiter eines Unternehmens. Das Unternehmen ist gefordert, Informationen und Wissen verfügbar zu machen, Silos aufzubrechen, in denen sich das Wissen befindet, und es gemeinsam zu nutzen. Die Herausforderung dabei ist, die Skills der Mitarbeiter so bekannt zu machen, dass die Mitarbeiter immer wissen, wer Experte für ein bestimmtes Thema innerhalb des Unternehmens ist, und sich untereinander austauschen können. Dies bietet ihnen die Möglichkeit, auf Know-how und Skills zuzugreifen, die sich auch außerhalb ihrer unmittelbaren Umgebung befinden, und sie in ihre Arbeit einzubeziehen. Zugrunde liegt die Anforderung, Wissen dauerhaft für das Unternehmen verfügbar zu machen und von Personen loszulösen. Wenn ein Mitarbeiter das Unternehmen verlässt, muss sein Wissen erhalten bleiben. Dafür ist ein System notwendig, das dieses Wissen aufbaut und es dauerhaft verfügbar und wiederauffindbar macht. Herausforderung dabei ist, die dafür nötigen Prozesse so zu organisieren, dass es die Mitarbeiter nicht überfordert. Es gilt, intelligente Wege zu finden, damit sie die Informationen selbst aufspüren bzw. sich diese durch intelligente Algorithmen erschließen können.

Folgende Fragen können dabei für Unternehmen leitend sein:

- Wie digital versiert sind Ihre Mitarbeiter in den verschiedenen Bereichen Ihrer Organisation?
- Wie digital versiert ist Ihr Management?
- Welche digitalen Skills benötigen Sie im Unternehmen? Wie können Sie diese beschaffen?
- Wie attraktiv sind Sie als Unternehmen für die junge Generation?
- Fördern Sie Innovationen der Mitarbeiter?
- Nutzen Sie moderne Formen der Ideenfindung, wie z. B. Crowdsourcing?

Fallbeispiel Axel Springer: Raus aus der Komfortzone

Axel Springer, eines der größten Verlagshäuser Europas, erwirtschaftet seine Umsätze heute zu knapp 70 % über seine digitalen Aktivitäten. Dies ist Ergebnis einer gezielten Strategie – schon Ende der 1990er-Jahre war Mathias Döpfner, dem heutigen Vorstandsvorsitzenden der Axel Springer SE, klar, dass es für Medienunternehmen nur drei Prioritäten geben kann: Internet, Internet, Internet. In die dazugehörigen „Umbauarbeiten" im Unternehmen werden die Führungsteams und die Mitarbeiter seither sehr intensiv einbezogen – einer der entscheidenden Erfolgsfaktoren für die Digitalisierung des Unternehmens.

2012 beispielsweise reisten über 70 Führungskräfte des Konzerns ins Silicon Valley, das Herz der US-amerikanischen Innovationskultur. Die Medienindustrie dort ist der europäischen zwei bis drei Jahre voraus. Dort wurden die Axel-Springer-Mitarbeiter sehr direkt mit einer unangenehmen Erkenntnis konfrontiert: Wenn der Konzern überleben will, muss er nicht nur sein Geschäftsmodell permanent neu erfinden, sondern auch eine gänzlich neue Unternehmenskultur etablieren, die von einer Offenheit gegenüber dem Wandel und dem Fokus auf die Mitarbeiter und deren Freiraum, neue Ideen zu entwickeln und umzusetzen, geprägt ist. Alle Axel-Springer-Führungskräfte durchliefen spezielle Workshops und Trainings, um ihre Kompetenzen dafür zu schulen und weiterzuentwickeln. Ein neues Feedback-System wurde implementiert, damit die Führungskräfte direkte Rückmeldung von ihren Mitarbeitern bekommen konnten, ob sie die neuen Leadership Principles auch erfolgreich umsetzen.

Alte und neue Welt zusammenbringen

Ein weiterer Schritt auf dem Weg, die „digitale Mentalität" in der Unternehmenskultur zu verankern, war die Einstellung von jungen Digital Natives – Stephanie Caspar beispielsweise, die Geschäftsführerin der Welt-Gruppe. Bevor sie zu Axel Springer kam, hatte sie noch nie journalistische Produkte verantwortet. Sie begann ihre Karriere bei McKinsey und arbeitete bei Digitalunternehmen wie eBay und Immobilienscout. Als Gründerin und CEO baute sie für die Otto-Group dann Mirapodo auf, einen Onlineshop für Schuhe. Stephanie Caspar verkörpert die Transformation, die Axel Springer seit Jahren verfolgt, perfekt. Sie denkt digital, hat sich eine Start-up-Mentalität bewahrt, und so führt sie auch ihren Bereich. Mit der Hilfe von Scrum Coaches stellt ihr gesamtes Team auf eine neue Arbeitsweise um. In einem Usability Labor testen und bewerten Nutzer regelmäßig die neuesten Entwicklungen. Und die benötigte Software lässt Caspar im eigenen Haus entwickeln – weil sie auch bei den Mitarbeitern, die den Code programmieren, eine Identifikation mit der Marke für essenziell hält.

Die Einstellung von Stephanie Caspar zeigt, dass der Axel-Springer-Konzern vor allem eines verstanden hat: Bei der Digital Business Transformation geht es darum, die Gesetze des Wandels in den Köpfen der Mitarbeiter zu verankern, also die alte Welt der Zeitungsmacher mit der neuen Welt der digitalen Start-ups zusammenzubringen.

Taste 5: Kunden – digitale Kundengewinnung und -dialog

Diese Taste des Digitalisierungspianos beschäftigt sich im Wesentlichen mit dem Marketing: Wie bekommt ein Unternehmen neue Kunden? Wie macht es aus bestehenden Kunden Fans? Wie sorgt es dafür, dass es weiterempfohlen wird? Wie kommuniziert es mit bestehenden Kunden? Wie vermarktet das Unternehmen seine Produkte und Dienstleistungen, gibt es neue Methoden, neue Kanäle? Setzt es auf Inbound Marketing? Nutzt es Portale, Apps oder ein Customer-Relationship-Management-System? Oder laufen alle diese Prozesse noch „old school"? Hat das Unternehmen schon erkannt, dass die Menschen mehr und mehr im Internet nach Lösungen suchen? Oder pflegt es immer noch einen aggressiven Sales-Ansatz und glaubt, dass es damit vorankommt?

Fallbeispiel Liebherr: Social Media als Plattform für den Dialog mit den Kunden

Social Media – das ist doch nur was für Unternehmen, die im B2C-Bereich aktiv sind, oder? Das Maschinenbau-Unternehmen Liebherr sieht das ein bisschen anders und ist schon seit 2012 auch im B2B-Bereich mit Social Media aktiv. Ein YouTube-Kanal, ein XING- und ein LinkedIn-Profil waren die Anfänge, heute sind viele weitere Kanäle dazugekommen. Antreiber dafür war die Tatsache, dass sich Liebherr-Kunden und Fans im Social Web bereits intensiv über die Produkte und die Marke austauschten – ohne dass Liebherr daran beteiligt gewesen wäre. Das Unternehmen wollte einerseits den Austausch vorantreiben und andererseits mit Kunden und Fans in einen aktiven Dialog treten. Es ging darum, Social Media als Chance zu begreifen und nicht als ein kommunikatives Pulverfass, das jeden Moment in die Luft fliegen kann. Um sich hier als verlässlicher und kompetenter Partner seiner Kunden darzustellen, etablierte Liebherr gut funktionierende und schnelle Kommunikationsprozesse, um beispielsweise technisch komplexe Fragen der Fans beantworten zu können. Mit den unterschiedlichen Social-Media-Kanälen gelingt es dem Unternehmen heute,

- die technisch erklärungsbedürftigen Produkte gut darzustellen und zu präsentieren,
- von den Kunden Feedback zu den Maschinen zu bekommen,
- erfolgreiches Recruiting und Employer Branding zu etablieren,
- die Reichweite zu steigern und
- Kontakte zur Fachpresse und Internet-Plattformen zu pflegen.

Fallbeispiel Hornbach: Und jetzt Du: Content-Marketing bei Hornbach

Heimwerker kennen das Problem: Ihre Vorhaben werden schon bei der Planung, spätestens jedoch im Baumarkt dadurch erschwert, dass Werkzeug- und Materialfragen gar nicht so einfach zu beantworten sind. Während im Heimwerkerladen geschulte Mitarbeiter noch unterstützen können, stehen die Heimwerker zu Hause dann alleine da. Hornbach hält deshalb u. a. visualisierte Anleitungen für Baumarkt-Produkte bereit. Alle Bereiche rund um Haus und Hof sind auf der Website des pfälzischen Traditionsunternehmens ausführlich dargestellt. Ob Verlegung einer Fußbodenheizung, Installation eines Pools, Bau eines Gartenhauses oder Tapezieren des Kinderzimmers – Hornbach hat für alle Aufgaben eine leicht verständliche Anleitung. Zusätzlich bekommen die Hornbach-Kunden angezeigt, welches Werkzeug sie benötigen, wie schwierig ihr Vorhaben ist und wie lange sie dafür ungefähr brauchen werden. Die Content-Strategie ist deshalb konsequent umgesetzt, weil alle benötigten Utensilien angezeigt werden und im Online-Shop direkt bestellt werden können.

Taste 6: Partner – Digitales Geschäftspartner-Umfeld

Ein Thema dieser Taste des Digitalisierungspianos lautet: Outsourcing von Dienstleistungen. Durch weltweit verfügbares schnelles Internet und entsprechende Plattformen, über die sich Mitarbeiter bzw. Freelancer schnell und unkompliziert mit den nötigen Kenntnissen und Fähigkeiten akquirieren lassen, können Unternehmen ein digital funktionierendes Ökosystem aus Partnern, Mitarbeitern und Zulieferern aufbauen. Es geht aber nicht nur darum, diese Menschen ausfindig zu machen, sondern auch darum, ein digitales System aufzubauen, das effektive Zusammenarbeit und Kommunikation ermöglicht und das dabei entstehende Wissen verfügbar macht.

Ein zweites großes Thema lautet hier: Partnernetzwerke oder „Hyper Collaboration". Sie sind der große Erfolgsfaktor für die Industrie 4.0 (vgl. Kolk et al. 2017). Dahinter steht die Idee, dass echte Innovation nicht möglich ist, ohne ein ausgedehntes Netzwerk aus privaten und öffentlichen Organisationen zu bilden, die nahtlos zusammenarbeiten. Ein Beispiel dafür ist das Chemieunternehmen Evonik: Es ist im November 2016 als erstes Chemieunternehmen dem Industrial Internet Consortium (IIC) beigetreten – einer globalen Public-Private-Organisation, die die Einführung und Ermöglichung des industriellen Internet of Things beschleunigen will. Evonik erhält so Zugang zu einem Partnernetzwerk, das gemeinsam völlig neue Technologien und Lösungen für das Internet of Things (IoT) entwickelt. Dahinter steht die Erkenntnis, dass kaum ein Unternehmen den Wissensfundus allein aufbauen kann, den es braucht, um den digitalen Wandel erfolgreich zu bestehen (vgl. Sonnenberg 2017).

3.2.3 Kategorie 3: Digitale Unterstützer

Die dritte und letzte Kategorie des Digitalisierungspianos bilden die „Digitalen Unterstützer". Dies sind die internen Faktoren, die dafür sorgen, dass ein Unternehmen erfolgreich eine digitale Strategie um- und sich gegen die Konkurrenz durchsetzt.

Taste 7: Organisationsstruktur – Wie digital sind Sie aufgestellt?
Zunächst ist dafür wichtig, in welchem Maße es Unternehmen gelingt, sich von einem hierarchischen Aufbau der Organisation zu lösen – und von den Entscheidungswegen, die von oben gesteuert werden. Mitarbeiter sollten idealerweise so mit Informationen versorgt und befähigt werden, dass sie selbst die Entscheidungen im Unternehmen treffen können. Alles andere nimmt zu viel Zeit in Anspruch. Stellen Sie sich als Unternehmen die folgenden Fragen:

- Wie sieht Ihre Organisationsstruktur aus? Matrixorganisation oder Projektorganisation?
- Sind Sie hierarchisch komplex oder flach aufgestellt?
- Wie strukturieren Sie digitale Initiativen? Sind diese effektiv?
- Bietet Ihre Organisationsstruktur genug Freiraum für kreative Mitarbeiter und ihre Ideen?
- Bekommen Ihre Mitarbeiter viele oder wenige Informationen?
- Wie sehr sind sie ermächtigt, eigene Entscheidungen zu treffen?
- Siedeln Sie digitale Initiativen direkt im Unternehmen an oder nutzen Sie Innovation Labs und Incubators, die quasi „von außen" an Ihrem Unternehmen arbeiten?
- Wollen Sie selbst neue digitale Unternehmensbereiche entwickeln oder diese einkaufen (Akquisitionsmodell)?

Es gilt nicht nur, Antworten auf diese Fragen zu finden, sondern auch, dabei Vor- und Nachteile der einzelnen Vorgehensweisen zu analysieren: Beispielsweise hat es durchaus Vorteile, eine ausgelagerte digitale Einheit zu gründen: Menschen, die ihren Blick von außen auf das Unternehmen richten, gehen unbelastet an ihre Aufgaben heran und können aus ihrer Position heraus neutral analysieren. Um dies zu realisieren, nutzen Organisationen Labs und Incubators – sie unterstützen Unternehmen dabei, schnelle, kreative und innovative Herangehensweisen zu entwickeln, unbelastet von etablierten Prozessen und Strukturen, die in den Unternehmen zwar für Stabilität und Kontinuität sorgen, aber der Agilität und Effektivität auch oft im Weg stehen.

Fallbeispiel CoLaborator: Bayer richtet ein Gründerzentrum für Start-ups ein

2014 hat der Pharmakonzern Bayer in Berlin sein erstes Gründerzentrum für Start-ups eröffnet. In der IT-Wirtschaft sind solche Gründerzentren, sogenannte Inkubatoren, längst etabliert – die Chemiewirtschaft zieht nun nach. Der Bayer-Inkubator heißt „CoLaborator" und ist direkt am Berliner Standort von Bayer angesiedelt. Neun junge Unternehmen können hier auf rund 800 Quadratmetern für eine vergleichsweise geringe Miete Büros, Konferenzräume und Labore mieten, die mit den wichtigsten Geräten und Anschlüssen ausgestattet sind. Zusätzlich stehen den Start-ups auch die Anlagen in den Bayer-Forschungseinrichtungen zur Verfügung.

Bayer hat einen „niedrigen einstelligen Millionenbetrag" in den „CoLaborator" investiert und stellt den jungen Teams außerdem eigene Mitarbeiter als Berater an die Seite. Mit dem „CoLaborator" soll zunächst der Austausch von innovativen und erfahrenen Menschen gefördert werden – die einen haben die Erfolg versprechenden Ideen, die anderen können einschätzen, ob und wie sie umsetzbar sind. Natürlich ist Bayer an weit mehr als an einem Austausch interessiert – der Konzern will die jungen Unternehmen an sich binden. Was ihm nicht schwerfallen wird, denn gerade in der Pharma-Branche ist es extrem teuer, beispielsweise ein neues Medikament auf den Markt zu bringen. Die innovativen Start-ups sind dann auf die Kooperation mit großen Konzernen angewiesen – sie könnten sich die Entwicklungs- und Genehmigungskosten von bis zu einer Milliarde Euro gar nicht leisten.

So profitieren beide Seiten – Bayer kauft Ideen ein und die Start-ups bekommen Umsetzungs-Know-how und finanzstarke Kooperationspartner. Eine klassische Win-win-Situation.

Taste 8: Geschäftsprozesse – Digitalisierung der Prozesse
Auf dieser Taste des Digitalisierungspianos geht es um Ihre Geschäftsprozesse:
Sind diese agil genug, um sie an neue Bedingungen anzupassen? Ist das Unter-
nehmen flexibel genug, um sich ändernde Umweltfaktoren abzufedern? Haben
Sie schon agiles Projektmanagement eingeführt?
Dies sind die wichtigsten Fragen:

- Wie weit sind Ihre Prozesse digitalisiert und automatisiert?
- Wie konsistent sind Ihre Prozesse über die Organisation hinweg?
- Sind Sie flexibel genug, auf Veränderungen zeitnah zu reagieren?
- Welche neuen, innovativen Prozesse sind durch die Digitalisierung möglich?

Digitalisierung heißt nicht nur, bereits bestehende Prozesse zu automatisieren,
sondern auch, völlig neue, vorher nicht denkbare Prozesse zu schaffen. Sicher:
Prozesse kontinuierlich zu verbessern und zu automatisieren, ist unverzichtbar.
Wer jedoch darüber vergisst, immer wieder auch zu prüfen, ob einzelne Prozesse
überhaupt noch nötig sind, oder zu erforschen, welche innovativen, gänzlich
neuen Prozesse es noch geben könnte, katapultiert sich aus dem Wettbewerb.
Was sich dabei in den letzten Jahren extrem verändert hat, ist die Art und
Weise, wie Innovationen und damit auch Prozessinnovationen entstehen. Besonders Start-up-Unternehmen haben hier eine gänzlich neue Denkweise entwickelt,
mit der sie die Chancen der Digitalisierung begreifen und umsetzen. Ansatzpunkte dafür bieten beispielsweise das „Design Thinking" oder Eric Ries mit seiner Methode „Lean Start-up".

Fallbeispiel Estland: Datensichere digitale Verwaltung
Gratis Internet, immer und überall, nie mehr Schlange stehen vor Behörden,
Banken und Wahllokalen, permanenter Zugriff auf die eigenen Daten, von
Schulnoten bis Krankenakten – das ist kein Traum, sondern Realität. Zumin-
dest in Estland. Dort gibt es ein sehr gut funktionierendes E-Government,
das Land selbst nennt sich „e-Estonia". Über das zentrale Internetportal eesti.
ee können die Menschen auf Hunderte digitaler Dienstleistungen von Land,
Kommunen und Unternehmen zurückgreifen. Mit einer computerlesbaren ID-
Karte, die auch als Personalausweis dient, können sie ihre Identität belegen
und auch rechtlich gültige digitale Signaturen leisten. Bemerkenswert ist die
Datensicherheit, die in diesem dezentral organisierten System herrscht: Die
Daten sind in unterschiedlichen Datenbanken abgelegt, die sich miteinander
austauschen. Jeder Bürger kann jederzeit sehen, welche Daten abgespeichert

sind und wer warum darauf zugegriffen hat – wer dies unerlaubt getan hat, muss mit juristischen Konsequenzen rechnen.

Unternehmen können sich von „e-Estonia" und der Datentransparenz einiges abschauen – für die interne Verwaltung ebenso wie für die produktions- und kundenbezogenen Prozesse. Denn auch Kunden und Lieferanten wollen jederzeit einen Überblick darüber haben, wo sich beispielsweise ihre Bestellung befindet oder welche Ware gerade vorrätig ist.

Taste 9: IT-Fähigkeiten – IT-Unterstützung für digitale Leistungen
Für die IT gilt ebenso wie für die Geschäftsprozesse: Sie muss flexibel genug sein, sich den sich ändernden Anforderungen des Business anzupassen bzw. den Service dafür zu liefern. Es gilt, kontinuierlich Neues einzuführen und Altes abzulösen. Die IT hat die Aufgabe, aus sich selbst heraus dem Business einen Mehrwert zu liefern und es zu unterstützen. Nur das zu tun, was verlangt wird, reicht nicht. Die Rolle der IT ist die eines Innovators, eines Möglichmachers, eines Antreibers des Business – keinesfalls nur Mittel zum Zweck.

Um die folgenden Punkte bzw. Fragen geht es dabei im Wesentlichen:

- Haben Sie eine klare IT-Strategie, die mit Ihrer digitalen Unternehmensstrategie verbunden ist?
- Werten Sie alle verfügbaren Daten aus und können Sie daraus Werte schöpfen?
- Wie effektiv ist Ihre IT-Infrastruktur (Netzwerke, Datenbanken, Clients etc.)? Können Sie damit digitale Ambitionen unterstützen?
- Kann Ihre IT Business-Anforderungen schnell, günstig und hochwertig umsetzen?
- Nutzt sie Cloud-Dienste bzw. ist sie offen dafür, Lösungen zu kaufen oder zu nutzen und sie dann wieder zu verwerfen, wenn sich herausstellt, dass diese Lösung nicht passt?
- Ist Ihre IT nach dem Prinzip der „Two-Speed-IT" aufgestellt? (s. Abschn. 3.4.1)
- Wie sieht Ihre Außendarstellung aus (Webseite, mobile Website, Social Media etc.)?
- Wie effektiv ist Ihr CRM-System?

Zu den IT-Fähigkeiten eines Unternehmens gehören nicht nur die dazugehörige Infrastruktur, sondern auch leistungsfähige Systeme und aussagekräftige Datenanalysen. Letztere helfen Unternehmen dabei, Abläufe und Anforderungen besser zu verstehen und daraus Entscheidungen und Services abzuleiten, die faktenbasiert sind. Sprich: Aus den gesammelten und analysierten Daten lässt sich viel besser ablesen, was die Kunden eines Unternehmens tatsächlich wollen und brauchen, als aus Vermutungen und Annahmen.

Fallbeispiel Hamburger Hafen: Big Data aus Deutschland

Im Hamburger Hafen werden jährlich mehr als neun Millionen Container mit Gütern umgeschlagen, Tendenz stark steigend. Die Herausforderung lautet deshalb, auf gleicher Fläche mehr Container umzuschlagen. Die Lösung: Alle Beteiligten kommunizieren über das Internet miteinander. Schiffe, Container, Kräne, Lkws und Verkehrsleitsysteme sind über das Netz mit Systemen verbunden, die die Daten analysieren und daraus Handlungsempfehlungen ableiten können. Containerschiffe melden beispielsweise ihre Ankunftszeit an Brücken, die sich rechtzeitig öffnen, um die Durchfahrt zu ermöglichen. Lkws werden umgeleitet, um Staus zu vermeiden, ihnen werden freie Parkplätze zugewiesen und auch die Entladezeiten werden individuell zugeteilt.

Die Vorteile für den Hafen sind klar: Es sind nur die im Hafen, die tatsächlich auch gebraucht werden, es gibt mehr Platz für mehr Container, mehr Container pro Tag bedeuten mehr Umsatz und bessere Nutzung aller Ressourcen – diese höhere Effizienz nützt dem ganzen Umfeld.

Fallbeispiel Kempinski Hotels: Alles in der Cloud

Kempinski Hotels ist die älteste Luxushotelgruppe Europas mit 81 Fünf-Sterne-Häusern in 30 Ländern weltweit. Die IT-Abteilung des Unternehmens betrieb 2010 über 140 virtuelle Server, damit sie sämtliche eingesetzten Betriebssysteme unterstützen konnte. Das Unternehmen wollte jedoch, dass seine IT-Mitarbeiter ihre Zeit nicht damit verbrachten, die Infrastruktur zu verwalten, sondern sich auf ihr Kerngeschäft konzentrierten – die Anwendungen für das Unternehmen zu verbessern. Außerdem sollten Kosten eingespart werden.

Kempinski Hotels entschied sich deshalb für eine öffentliche Cloud, um die IT-Abläufe zu optimieren. Als Dienstleister wählte das Unternehmen Amazon Web Services. Dadurch gelang es dem Unternehmen nicht nur, alle Themen rund um die Hardware, Back-ups, Patching und Überwachung abzugeben, sondern auch Ausfallzeiten zu reduzieren und deutlich Kosten einzusparen: Kempinski wird sein Rechenzentrum in Genf schließen können, Hard- und Softwareaktualisierungen fallen weg und die Mitarbeiter sind produktiver. Das Unternehmen rechnet damit, seine Kosten in einem Zeitraum von fünf Jahren um 40 % senken zu können.

Und was daran ist nun typisch Digitalisierung? Kempinski kann durch die Auslagerung weiter Teile seiner IT in die Cloud auf Dienstleistungen zurückgreifen, die es selbst gar nicht erbringen kann – beispielsweise stellt Amazon Webservices Datenanalysen bereit, die es dem Unternehmen auch ermöglichen, schneller und flexibel auf interne Ressourcenanforderungen zu reagieren.

Taste 10: Unternehmenskultur – Bereit für die digitale Transformation
An der Unternehmenskultur zeigt sich sehr deutlich, wie bereit eine Organisation oder ein Unternehmen für den digitalen Wandel ist: Je offener die Kultur eines Unternehmens mit Veränderungen und Unsicherheiten umgeht, desto eher ist es bereit, die Herausforderungen der Digitalisierung anzunehmen. Der Grad der Offenheit lässt sich an unterschiedlichen Punkten erkennen:

- Verfügt ein Unternehmen über eine Fehlerkultur und ist fehlertolerant oder sanktioniert es die Fehler, die seine Mitarbeiter machen?
- Herrscht eine „Sharing"-Kultur, d. h., wird Wissen geteilt oder agieren die einzelnen Abteilungen bzw. Mitarbeiter noch nach dem Prinzip „Wissen ist Macht"?
- Wird Prototyping praktiziert, d. h., testen Unternehmen ihre Lösungsansätze schnell und unkompliziert mit den Kunden oder investieren sie jahrelange Entwicklungsarbeit, bevor sie mit einem Produkt an den Markt gehen?
- Ist das Konzept des „Working Out Loud" bekannt, d. h., nutzen insbesondere Wissensarbeiter die digitale Vernetzung und soziale Netzwerke, um Kontakte zu knüpfen, Beziehungen aufzubauen, Arbeitsergebnisse mit vielen Kollegen zu teilen und Feedback dafür zu bekommen, um so die Qualität der eigenen Arbeitsergebnisse stetig zu verbessern? (S. auch Abschn. 3.4.2 dieses Kapitels)
- Agieren die Mitarbeiter in virtuellen Teams und etablieren so ein standortunabhängiges Gemeinschaftsgefühl?

3.2.4 Analyse anhand des Digitalisierungspianos

Digitale Agilität eines Unternehmens
Für die digitale Agilität eines Unternehmens gibt es einige entscheidende Schlüsselfaktoren. Sie bilden die Basis des Digitalisierungspianos. Ohne diese Schlüsselfaktoren der digitalen Agilität ist es einem Unternehmen nicht möglich, Strategien auszuarbeiten, die sein Überleben in einem disruptiven Umfeld sichern.

1. **Überdurchschnittliche Aufmerksamkeit:** Damit ist eine sehr intensive Aufmerksamkeit gemeint, die Unternehmen für externe und interne Einflüsse, Gelegenheiten und Chancen entwickeln müssen. Entscheidend dafür ist es, Daten und Informationen permanent zu sammeln und nützlich auszuwerten – ganz egal, ob sie nun von Menschen, Maschinen (Internet of Things) oder Sensoren stammen. Schlüsselgröße für die sogenannte „Hyperawareness" ist die Fähigkeit eines Unternehmens, Erkenntnisse bzw. Einsichten von seinen bzw. über seine Mitarbeiter, Kunden, Partner, Wettbewerber und über neue digitale Technologie- bzw. Business-Trends zu gewinnen.

2. **Fundierte Entscheidungsfindung:** Hier geht es darum, Menschen dazu zu befähigen, schnelle evidenzbasierte Entscheidungen zu treffen. Der bisherige Ansatz – Entscheidungen werden nur auf der Führungsebene getroffen und dann nach unten weitergegeben – ist zu langsam und ineffektiv, um in einer sich immer schneller drehenden Welt zu überleben. Deshalb etablieren Unternehmen beispielsweise Kollaborationslösungen, um Informationen schnell zu transportieren. Wer die Mitarbeiter derart zu schnellen Entscheidungen befähigt, erhält im Gegenzug schnellere Abläufe – und Informationen gehen auf dem „Rückweg" nach oben nicht mehr verloren.

3. **Schnelle Umsetzung:** Das bedeutet, eine einmal getroffene Entscheidung schnell umzusetzen, Ressourcen dynamisch zu mobilisieren und Fortschritte bzw. Optionen konstant zu überwachen bzw. mit den Zielen abzugleichen. Schnelle Umsetzung wird an der Fähigkeit gemessen, schnell auf der Basis neuer Informationen zu handeln, aus Entscheidungen Handlungen abzuleiten, Menschen und Ressourcen dynamisch zu mobilisieren sowie kontinuierlich zu lernen und sich anzupassen.

Über diese drei Fähigkeiten sollten insbesondere die Führungskräfte eines Unternehmens verfügen, es sind „Digital Leadership Skills". Ist das Senior Management digital agil, kann es Veränderung erkennen (überdurchschnittliche Aufmerksamkeit), Daten auswerten sowie faktenbasierte Entscheidungen treffen (fundierte Entscheidungsfindung) und diese Entscheidungen anschließend schnell umsetzen (schnelle Umsetzung).

Anhand des gesamten Digitalisierungspianos gilt es nun, die einzelnen Bereiche eines Unternehmens zu analysieren und den Grad der digitalen Agilität zu definieren. Dafür bietet sich folgende Reihenfolge an:

1. Analyse des Status quo: Diese gelingt am besten anhand von kleinen Fragenkatalogen und Interviews. Mit den Fragekatalogen lassen sich gut die drei Bereiche der digitalen Agilität (überdurchschnittliche Aufmerksamkeit, fundierte Entscheidungsfindung, schnelle Umsetzung) abfragen. Wie ist das Management auf die Veränderungswelle vorbereitet?
2. Identifikation der „Pain Points": In daran anschließenden weiteren Interviews geht es um Pain Points der Mitarbeiter und die Erfassung der Arbeitsprozesse – mit relativ einfachen Fragen zu den einzelnen Tasten des Digitalisierungspianos. Wo sind Abläufe sehr manuell, repetitiv und arbeitsintensiv gestaltet, wo werden alte Technologien eingesetzt, wo läuft die Kommunikation ineffizient? Auch Business-Pläne, Prozessbeschreibungen und weitere relevante Dokumente sollten dazu ausgewertet werden.
3. Recherche: Die intensive Recherche der Industrie und der Wettbewerber des Unternehmens mündet in eine Einschätzung der Wettbewerbssituation, verfügbarer und nützlicher Technologien und des Grads der Gefährdung durch Disruption. Dies gelingt auf Basis unterschiedlicher Quellen.
4. Für die Wettbewerbsrecherche ist der „Digital Vortex" wichtig; anhand dessen lässt sich zunächst festlegen, wo die Branche eines Unternehmens bezüglich der Digitalisierung steht. Dann ist zu ermitteln, wo ein Unternehmen branchen- oder industrieintern liegt und welche Unternehmen seine größten Konkurrenten sind. Reports, Geschäftsberichte, Unternehmensgeschichte, Pressespiegel – sämtliche Unternehmenspublikationen und Kommunikationskanäle der konkurrierenden Unternehmen liefern dazu aussagefähige Informationen.
   - Um die Technologien genauer einschätzen zu können, die Digitalisierung unterstützen und vorantreiben, bedarf es sicherlich externer Unterstützung durch entsprechende branchenkundige Experten. Sie sollten auf dem neuesten Stand der technologischen Entwicklung sein.
   - Um den Grad der Gefährdung durch Disruption definieren zu können, ist wieder der „Digital Vortex" hilfreich. Ihm lässt sich entnehmen, ob die Branche bzw. die Industrie des Unternehmens durch disruptive Geschäftsmodelle schwach oder stark gefährdet ist. In der Chemieindustrie beispielsweise ist die Gefahr durch disruptive Geschäftsmodelle nicht sehr hoch – der Vertrieb vieler Produktklassen ist jedoch sehr bedroht. Hier etablieren sich immer mehr Plattformen und Portale, über die Produkte verkauft werden. Ein Chemieunternehmen, dessen Kunden die Produkte nur per Faxbestellung kaufen

können, läuft hier durchaus Gefahr, in fünf Jahren nicht mehr zu existieren – seien die Produkte noch so gut.

5. Innovations-Workshops: In diesen Workshops entwickelt ein Unternehmen dann eine digitale Vision – gemeinsam mit Menschen, die über möglichst unterschiedliche Mindsets verfügen und aus unterschiedlichen Bereichen kommen. Vor allem ist es wichtig, die Kundenperspektive einzubeziehen. Mehr zu diesen Workshops lesen Sie in Abschn. 3.3.

Um diese Analyse anhand des Digitalisierungspianos vornehmen zu können, sind Erfahrung, Vorstellungskraft, Aufmerksamkeit, Empathie und industrieübergreifendes Denken Voraussetzung. Wichtig ist es, sich solche Menschen an Bord zu holen, die über genau diese Kompetenzen verfügen. Denn es geht um Großes: das Mindset, die Kultur eines Unternehmens auf die Erfordernisse einer neuen Ära auszurichten.

3.3   Digitale Vision

Eine Unternehmensvision ist ein wesentlicher Baustein der Unternehmensstrategie und besitzt damit idealerweise eine hohe Relevanz für jeden einzelnen Mitarbeiter – denn die Vision beschreibt den Zustand, den ein Unternehmen langfristig in der Zukunft erreichen will. Eine gute Vision hat die Kraft, die Identität des Unternehmens zu definieren, bietet den Mitarbeitern die Möglichkeit, sich mit ihrem Unternehmen zu identifizieren, und sie mobilisiert die Mitarbeiter. Damit ist sie ein entscheidender Erfolgsfaktor des Unternehmens.

Die Vision wird in einem griffigen Format festgehalten und damit konkret, nachvollziehbar und teilbar gemacht. Auf Basis der Vision lässt sich die Mission ableiten – in der festgehalten ist, wie das Unternehmen seine Vision erfüllen oder erreichen will. Beide Elemente münden in die Unternehmensstrategie, aber auch die langfristigen Unternehmensziele inklusive Beurteilungsmaßstäbe für die Leistung lassen sich daraus ableiten. Die Vision ist also entscheidend, weil sie alles, was danach kommt, wesentlich beeinflusst. Sie selbst ist jedoch kurz und knapp gehalten, kann auch nur aus einem Bild bestehen.

Diese Definition gilt für jedes Unternehmen, ganz egal, ob es nun im Kontext der Digitalisierung agiert oder nicht. Wenn sich ein Unternehmen nun jedoch dafür entscheidet, sich einer digitalen Transformation zu unterziehen, braucht es auch eine passende Vision dafür, die diese Entscheidung widerspiegelt.

Wie können Unternehmen hier vorgehen? Wie finden sie eine „digitale Vision"?

Ausgangspunkt dafür ist die Standortanalyse anhand des Digitalisierungspianos, wie im vorherigen Abschnitt beschrieben. Aus dieser Analyse geht hervor, wie der Markt und die Industrie digitalisiert sind. Ein Unternehmen ermittelt darin den eigenen Status quo und den der Industrie. Dann muss es jedoch aufgrund seiner digitalen Agilität antizipieren: Wohin entwickelt sich die Industrie? Was wird geschehen? Was hat Zukunft, was nicht? Auf Basis dieser Antizipation und der eigenen Aufmerksamkeit muss es dann für sich entscheiden, wohin sich das Unternehmen entwickeln soll, wo es in fünf, zehn oder 20 Jahren stehen möchte.

Antizipieren, wohin die Reise geht und eine Voraussage darüber treffen, wohin sich das Unternehmen im Rahmen der Digitalisierung entwickeln soll – das ist eine Führungsaufgabe. Für viele Führungskräfte bzw. Unternehmen mag diese Anforderung klingen, als sollten sie einen Blick in die Glaskugel werfen – das ist durchaus nachvollziehbar. Die Gefahr, dass die Führungskräfte mit ihren Einschätzungen falsch liegen, ist durchaus gegeben und macht dann entsprechende Anpassungen erforderlich. Um zu einer Einschätzung zu kommen, die mit relativ hoher Wahrscheinlichkeit zutrifft, ist es wichtig, sich bei der Entwicklung einer digitalen Vision die passende Unterstützung zu holen bzw. die geeignete Vorgehensweise zu wählen.

Workshop zur Entwicklung einer digitalen Vision
Für einen Workshop, in dem eine digitale Vision entwickelt werden soll, gibt es viele unterschiedliche Ansätze. Als sehr effektiv hat sich die Herangehensweise des Beratungsunternehmens Roland Berger erwiesen: Es empfiehlt, Menschen zusammenzubringen, die über ganz unterschiedliche Mindsets und Rollen verfügen: Lassen Sie Futuristen, Innovatoren und Entrepreneure mit Führungskräften, Mitarbeitern, wichtigen Stakeholdern und Kundengruppen des Unternehmens gemeinsam darüber nachdenken, wie das Unternehmen innerhalb der nächsten fünf bis zehn Jahre weiterentwickelt werden kann (vgl. Roland Berger 2016). Die Kundenperspektive einzubeziehen – indem Kundenvertreter eingeladen werden – hilft, die Bedürfnisse und Anforderungen der Kunden besser zu verstehen und außerdem nachzuvollziehen, wie sich diese Bedürfnisse über die Jahre verändert haben und noch weiter verändern werden. Der Blick der Industrievertreter bzw. Branchenkenner hilft auch in einem solchen Workshop dabei, Anforderungen des Marktes und der Konkurrenz im Auge zu behalten.

Im Ergebnis wird dieser Workshop den Stand der Digitalisierung des Unternehmens und der Industrie sowie die Fähigkeiten, Vorstellungskraft, Erwartungen, Meinung und Antizipationskraft der Führungskräfte des Unternehmens widerspiegeln. Es bleibt zwar ein gewisses Momentum der Unwägbarkeit, jedoch bietet die Kombination aus persönlicher Erwartung, Daten, Fakten, Erfahrung, Bauchgefühl, Instinkt, kreativer Energie und visionärem Denken die beste Voraussetzung, eine Vision zu entwickeln, die nachhaltig und zutreffend ist und die Mitarbeiter des Unternehmens am wirkungsvollsten mitnimmt.

Anschließend gilt es, die digitale Vision bzw. Strategie mit der bereits existierenden Vision bzw. Strategie in Einklang zu bringen bzw. zu definieren, wo digitale und nichtdigitale Vision aufeinanderprallen und wie sie am besten zu vereinbaren sind. Daraus sind, wie bereits beschrieben, die Mission, Strategie und Ziele abzuleiten sowie die Maßnahmen zu identifizieren, die sicherstellen sollen, dass die Ziele auch erreicht werden.

Die einzelnen Stufen noch einmal im Überblick:

- Update: Was geschieht in der Welt, in der Branche, in der Industrie?
- Vision entwickeln
- Vision mit dem Status quo vergleichen
- Differenz bzw. Gap analysieren
- Maßnahmen zur Umsetzung ableiten

Egal, für welche Vorgehensweise sich ein Unternehmen entscheidet: Die Entwicklung einer Vision ist ein kreativer Prozess – und wird nicht zuletzt deshalb immer nur ein vorläufiges Ergebnis haben, weil sich wirtschaftliche und gesellschaftliche Entwicklungen nur bedingt vorhersagen lassen.

3.4 Digitale Transformation

3.4.1 Stufen der digitalen Transformation

In der Phase der digitalen Transformation geht es nun darum, die Voraussetzungen für die im Rahmen des Assessments und der Erarbeitung der Vision ermittelten umzusetzenden Maßnahmen zu schaffen. Diese dafür nötige Transformation – der digitale Wandel – kann in folgenden Schritten bzw. Stufen geschehen (vgl. Wade et al. 2017; s. Abb. 3.2):

- Starke Vision und Führung
- Manager mit funktionsübergreifenden Fähigkeiten
- Schnelles Testen und Lernen
- Akkorde auf dem Digitalisierungspiano
- Entwicklung von neuen Mustern der Kollaboration

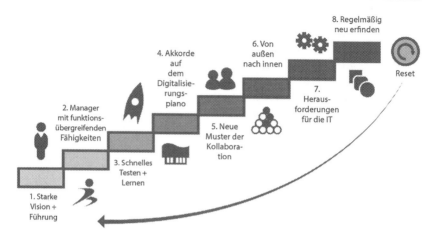

Abb. 3.2 Stufen der digitalen Transformation. (Quelle: © The Global Center for Digital Business Transformation, IMD 2017. Used with permission)

- Anforderungen aufgreifen: von außen nach innen
- IT-Strukturen und Implementierungsprozesse etablieren
- Regelmäßige Neuerfindung der digitalen Transformation
- Reset

Im Folgenden werden die Stufen im Detail erläutert.

Starke Vision und Führung

Auf dieser ersten Stufe geht es um die große Frage, wie Veränderung wirkungs-voll etabliert werden kann. Da es sich bei einem Digitalisierungsprojekt um teilweise sehr große und tief greifende strukturelle Veränderungen handelt, ist ein ganz anderes Vorgehen notwendig, als man es von etablierten Projekten wie beispielsweise Software-Einführungen kennt. Das Kernstück von digitalen Ver-änderungsprozessen in Unternehmen ist deshalb zunächst eine starke Vision des Managements, der Eigentümer und des CEO – diese gilt es, gemeinsam mit allen Führungskräften zu entwickeln. Außerdem ist eine umsetzungsstarke Führung durch die Projektleitung notwendig.

Manager mit funktionsübergreifenden Fähigkeiten
Auf der nächsten Stufe gilt es, ein Team aus fachlich und digital versierten Projektmanagern zu bilden, die für die Umsetzung der aus Vision und Zielen resultierenden Maßnahmen zuständig sind. Dies müssen starke Führungspersönlichkeiten sein, die Veränderung vorantreiben und mit Widerständen umgehen können. Sie brauchen zwingend die bereits beschriebenen Digital Leadership Skills: überdurchschnittliche Aufmerksamkeit, fundierte Entscheidungsfindung, schnelle Umsetzung. Innerhalb dieses Teams muss es aber auch die richtige Mischung aus fachlich und technisch/digital versierten Projektmanagern aus der ganzen Organisation geben – weil die anstehenden Veränderungen nicht nur einzelne Bereiche betreffen, sondern organisationsübergreifend sind.

Schnelles Testen und Lernen
„Forward Thinking" und eine Kultur der Fehlertoleranz sind die wichtigen Themen dieser Stufe. Es geht darum, aus einmal generierten Ideen schnell Prototypen von Lösungen zu erstellen, damit Feedback von Kunden einzusammeln, die Produkte und Services zu verbessern und im Rahmen dieses Kreislaufs weiterzuentwickeln. Die dazu passenden Methoden, mit denen sich entsprechend Inhalte erarbeiten lassen, lassen sich von den Start-up-Unternehmen lernen. Im Buch „Lean Start-up" von Eric Ries sind etliche Beispiele beschrieben; in Abschn. 3.4.2 finden Sie einen Überblick über einige Methoden dazu.

Diese Methoden lassen sich nicht nur für die Entwicklung von Produkten und Services nutzen, sondern auch ganz generell dafür, so kundennah wie möglich zu arbeiten. Wer sie einsetzt, läuft keine Gefahr, nach einer möglicherweise monate- oder jahrelangen Projektlaufzeit festzustellen, dass die implementieren Prozesse weitgehend an den Anforderungen der Kunden vorbeigehen.

Innovative Methoden alleine nützen aber nicht viel – es ist mindestens genauso wichtig, eine fehlertolerante Unternehmenskultur zu entwickeln und zu leben. Denn nur sie gewährleistet, dass die Mitarbeiter eines Unternehmens die Chance bekommen, Dinge auszutesten, anhand der Fehlschläge zu lernen und ihre Erkenntnisse schnell umzusetzen. Dazu ist die passende Infrastruktur Voraussetzung. Wenn ein Unternehmen erst Millionen investieren muss, um etwas auszuprobieren, ist das hinderlich.

Akkorde auf dem Digitalisierungspiano
Diese Stufe umfasst das bereits beschriebene Assessment anhand der Bereiche bzw. Tasten des Digitalisierungspianos (vgl. Abschn. 3.2). Die entscheidende Frage lautet: Was ändere ich im Unternehmen? Und vor allem: In welcher Reihenfolge ändere ich was? Es ist wenig sinnvoll, ein System einzuführen und

beispielsweise die Kultur komplett zu vernachlässigen und die Menschen im Unternehmen nicht an die neue Arbeitsweise heranzuführen. Im „Ökosystem" Unternehmen hängen diese Dinge zusammen und müssen zusammen angegangen werden. Deshalb ist zu prüfen, welche Bereiche voneinander abhängen, welche Bereiche wichtiger für das Unternehmen sind als andere, wo sich schnell kleinere Meilensteine und Erfolge erreichen lassen, die dann wiederum als Motivation oder Katalysator für andere Bereiche dienen können und so den Veränderungsprozess insgesamt erleichtern. Das alles gelingt mit dem Digitalisierungspiano.

Entwicklung von neuen Mustern der Kollaboration
Als Folge des funktionsübergreifenden Arbeitens verschwinden die Grenzen zwischen den einzelnen Unternehmensfunktionen bzw. müssen neu definiert werden – im besten Fall sind sie nicht mehr nötig und fallen einfach weg. Aber nicht nur das funktionsübergreifende Arbeiten fördert die Entwicklung von neuen Mustern der Kollaboration. Auch Methoden wie Prototyping, Design Thinking, Crowdsourcing, Working Out Loud und viele Tools für das kollaborative Arbeiten (z. B. Microsoft Teams, Slack und ähnliche Plattformen) sorgen dafür, dass Zusammenarbeit ganz andere Formen annimmt und anders organisiert ist als noch vor fünf Jahren. Unternehmen sind hier gefordert, die für sich sinnvolle Ausprägung zu definieren bzw. die passenden Tools dafür zu nutzen.

Anforderungen aufgreifen: von außen nach innen
Wer Veränderungsprozesse und Anforderungen von außen auf das Unternehmen wirken lässt, erzeugt ein wirksames Momentum und damit die besten Voraussetzungen, die nächste Stufe zu erreichen. „Von außen" können sowohl Kunden sein, aber auch Mitarbeiter anderer Ebenen, die konkrete Anforderungen an das Unternehmen bzw. dessen Management stellen.

Als Beispiel könnte ein Unternehmen dienen, das noch in alten Strukturen verhaftet ist und sich in vielen Bereichen zäh und unflexibel verhält. Der Einzige, der etwas verändern möchte, ist der CEO. Er entscheidet sich, erste Digitalisierungsschritte mit dem Vertrieb zu gehen. Dieser hat zwar ein CRM-System, die Vertriebsmitarbeiter sind jedoch angehalten, ihre Daten und Auswertungen jeden Abend in Excel-Tabellen einzugeben und an das Unternehmen zu schicken. Das frisst ihre Zeit und ihnen stehen die Daten auch nicht permanent zur Verfügung. Entsprechend frustriert und demotiviert sind sie. Der CEO beginnt dann – gegen die Überzeugung des Managements, das diese Veränderung nicht will – damit, die Vertriebsmitarbeiter mit Tablets auszustatten, in die sie ihre Daten direkt eingeben, sichten und weiterverarbeiten können. Die Vertriebsmitarbeiter können von da an ganz anders arbeiten und auch gegenüber ihren Kunden kompetenter auftreten – sie sind von ihren digitalen Tools begeistert. Ihre Ergebnisse verbessern sich. Das wirkt natürlich stark auf das Management der Organisation ein – quasi von außen, von einer Hierarchiestufe tiefer. Die Vertriebsmitarbeiter schaffen so eine wirksame Dynamik, gegen die sich auch das Management nicht mehr wehren kann, sodass es mitmachen muss.

Grundsätzlich ist die Herangehensweise, von außen Fakten zu schaffen, sehr empfehlenswert, um Veränderungsenergie zu erzeugen. Diese Fakten können mitunter sehr klein und unscheinbar sein. Wenn ein Unternehmen beispielsweise einen neuen Außenauftritt in Form einer aktuellen Website hat, dann schürt das auch dessen eigene Erwartungen an die internen Prozesse. Nach außen mit einer schicken Website glänzen und nach innen noch per Fax kommunizieren – das passt nicht zusammen. Der Anreiz, intern etwas zu ändern, ist dann höher als noch zuvor.

Auch die Anregungen von Kunden fungieren als sehr starker externer Reiz. Unternehmen haben hier die Chance, Kunden-Rückmeldungen als zentrales Marketing-Werkzeug zu nutzen. Den Kunden zu fragen: An welchen Punkten wünschst du dir digitale Interaktion mit mir? Welche Daten brauchst du von mir? Wie und wo können wir Daten austauschen? – auch das ist Digitalisierung. Vielleicht sind Kunden frustriert davon, dass sie ihre Bestellungen per Fax schicken müssen und die gewünschten Waren nicht per Knopfdruck aus ihrem eigenen SAP-System bestellen können. Wenn sich ein Unternehmen darauf einlässt, dann werden seine Kunden zu den Treibern der digitalen Innovation.

IT-Strukturen und Implementierungsprozesse etablieren
Die digitale Transformation stellt große Herausforderungen an die bestehende IT-Infrastruktur und die dazugehörigen Implementierungsprozesse. In der Vergangenheit wurde das Befolgen von gewissen Standards zum State of the Art erhoben. Im IT-Service-Management ITIL® sind beispielsweise die unterschiedlichen Prozesse klar definiert; dort ist geklärt, wie Veränderungen im System zu implementieren und IT-Prozesse, Service-Pakete etc. zu definieren sind. Diese Standards hatten zwar durchaus ihre Berechtigung, mittlerweile sind die Anforderungen des Business aber viel agiler; Systeme und Lösungen müssen schneller geliefert werden, und das funktioniert mit den bestehenden Strukturen meist nicht mehr – es dauert viel zu lang. Wer einen Server braucht und diesen erst, den traditionellen Prozessen gemäß, umständlich in die existierende Landschaft integrieren muss, verliert viel Zeit und Energie auf dem Weg.

Dies liegt aber nicht nur an starren Prozessen – Prozesse lassen sich auch anpassen, damit sie flexibler sind. Viel entscheidender ist: Die IT hatte in der Vergangenheit zu funktionieren – sie war kein Innovationstreiber, sondern nur Mittel zum Zweck, um den Status quo aufrechtzuerhalten und gleichzeitig mit leichten, kleinen Verbesserungen wie beispielsweise Upgrades immer wieder etwas zu erreichen. Die IT so zu nutzen, dass sich damit neue Wege gehen ließen, funktionierte nicht. Das tut es übrigens auch heute noch nicht – wenn man den Wert der IT nur an den Kosten bemisst, die durch sie entstehen. Wenn ein Unternehmen sich auf die Haltung zurückzieht: „Die IT kostet nur und sie bringt uns nichts!" – dann kann es die IT auch nicht als Asset im Rahmen der Digitalisierung nutzen. Soll die IT Ergebnisse liefern, dann muss sie finanziell dazu befähigt werden.

Eine akzeptable Lösung liegt in der „Two-Speed-IT": Traditionelle Systeme – wie SAP, Dokumentenspeicherung, Langzeitablage von Verträgen etc. – müssen als systemkritische Elemente immer fehlerfrei funktionieren und sind deshalb mehrfach abgesichert. Soll in ihnen etwas geändert werden, dann dauert das sehr lange und folgt einem festgelegten Prozess. Auf der anderen Seite kann die IT aber auch sehr schnell reagieren: Wenn beispielsweise eine Projektgruppe bestimmte Anwendungen oder Lösungen braucht oder das Business gerne kurzfristig eine Vertragsverwaltung mit einem Cloud-Tool hätte, dann stellt das für die IT kein Problem dar. Die Two-Speed-IT hat vielleicht nicht die gleiche Redundanz und Fehlertoleranz wie die traditionelle IT, aber sie kann bestimmte Dinge schnell liefern. Two-Speed-IT ist also eine IT, die langsam und behäbig auf Verlässlichkeit ausgelegt ist, die auch in zehn Jahren noch geht, aber gleichzeitig auch in der Lage ist, z. B. schnell eine Portallösung aus der Cloud zu kaufen, zu integrieren und zu betreiben. Dementsprechend müssen auch die Investitionsstrategien sein.

Regelmäßige Neuerfindung der digitalen Transformation
Digitalisierung entwickelt sich sukzessive und in Abschnitten. Sie muss regelmäßig neu erfunden werden – denn die Welt verändert sich und mit ihr die Anforderungen an die Führung von Unternehmen und wirtschaftliches Überleben. Wer nur auf starre Konstrukte und Fünf-Jahres-Pläne baut, wird untergehen. Es gilt vielmehr, sich mit offenen Augen durch die Welt zu bewegen und permanent zu prüfen, welche Bedingungen oder Anforderungen sich ändern könnten und was das Unternehmen selbst anders machen könnte. Hier gilt es, einen Zyklus aus Build – Measure – Learn zu etablieren und permanent zu durchlaufen (s. folgenden Punkt).

Reset
Dieser letzte Schritt ist keine wirkliche Stufe mehr, sondern beinhaltet die Anforderung, wieder zum Fuß der Treppe zurückzugehen und von vorne zu beginnen: die Parameter sämtlicher bereits erfolgter Handlung bzw. absolvierter Stufen neu zu überprüfen und die eigenen Handlungen entsprechend zu justieren – ganz gemäß dem nie endenden Zyklus aus Build – Measure – Learn.

3.4.2 Methoden für den digitalen Wandel

Lean Start-up

Viele der im Folgenden erwähnten und beschriebenen Methoden und Tools entstammen dem Lean-Start-up-Ansatz von Eric Ries. Der 1978 geborene Silicon-Valley-Entrepreneur und Autor beschreibt in seinem Bestseller „Lean Startup. Schnell, risikolos und erfolgreich Unternehmen gründen" (Ries 2017), wie Unternehmer mit möglichst wenig Kapital und reduzierten Prozessen erfolgreich Produkte und Dienstleistungen entwickeln und verkaufen können. Grundsätzliches Ziel seiner Vorgehensweise ist es, keine lange Konzeptphase zu durchlaufen, sondern rasch einen Prototyp oder eine Betaversion eines Produktes bzw. einer Dienstleistung auf den Markt zu bringen. Auch der Produktzyklus selbst soll so knapp wie möglich gehalten werden. Im Fokus steht, dass Unternehmen schnell auf Kundenfeedback und -wünsche eingehen und Produkte und Services daran ausrichten.

Dahinter steht die Erkenntnis, dass der Weg zum eigenen Unternehmen bzw. bis zum erfolgreichen Produkt erstens riskant, zweitens lang und drittens teuer ist. Vor allem, wenn das Unternehmen scheitert, verliert es viel Geld, das es zuvor in die Entwicklung gesteckt hat. Hier verspricht Eric Ries mit seinem schnellen, ressourcenfreundlichen und erfolgsorientierten Ansatz Abhilfe. Er vermittelt, wie sich von vornherein die Erfolgsaussichten von Ideen, Produkten und Märkten bestimmen lassen und wie man auch während der Entwicklungsphase permanent den Stand der Dinge evaluiert. So lassen sich nicht nur Zeit, Geld und Ressourcen sparen, sondern auch der Kurs kann spontan korrigiert werden.

„Lean Startup" hat die Entwicklung von neuen Produkten und Services weltweit verändert – indem es die Zielgruppen der Produkte und Dienstleistungen stärker in den Mittelpunkt stellte, als je eine andere Methode tat, und indem es die Annahmen des Unternehmens (beispielsweise über die Nutzer oder die Produkte) permanent validiert. Dies ist unerlässlich, denn viele Unternehmen konzentrieren sich ausschließlich, zeit- und kostenintensiv auf die Perfektionierung jedes noch so kleinen Details bzw. der Funktionalität ihres Produkts oder Services – anstatt der Frage nachzugehen, ob die Nutzer diese Funktionalität überhaupt wollen und brauchen. Die Annahmen über die Produkte und Services zu validieren, erscheint also mehr als sinnvoll.

Build – Measure – Learn (Entwickeln – Messen – Lernen)

Der Kreislauf aus Build – Measure – Learn bildet gleichsam die Grundidee des Lean-Start-up-Ansatzes von Eric Ries (2017). Es geht darum, in einem nicht endenden Zyklus aus „Produkt entwickeln" – „Minimum Viable Product (MVP) erstellen" – „MVP testen und Ergebnisse messen" – „Daten auswerten" – „Rückschlüsse für das Produkt ziehen bzw. lernen" – „Produkt weiterentwickeln" und „das Produkt bzw. die Dienstleistung so lange testen und anpassen, bis es bzw. sie tatsächlich marktgerecht ist".

Minimum Viable Product (MVP)
Untrennbar verbunden mit dem Lean-Start-up-Ansatz ist das Minimum Viable Product (MVP). Es handelt sich um einen Prototyp eines zukünftigen Produkts oder Services. Prototypen sind deshalb so hilfreich, weil sich mit ihnen Ideen visualisieren, teilen und besprechen lassen. Ein Prototyp verfügt über die wichtigsten Merkmale des Produkts, damit Testnutzer qualifiziert Feedback geben können, und zeigt dessen Potenzial auf. Gleichzeitig geht es mit seinen Ausprägungen und Funktionalitäten nicht so sehr ins Detail, dass dafür wochen- oder monatelange Entwicklungszeit nötig wäre.

Dabei kann jede Idee, jeder Gedanke, jede Situation in einen Prototyp umgewandelt werden. Ein Prototyp muss nicht immer ein Gegenstand sein – auch ein Storyboard, ein Diagramm, eine Geschichte, eine Stellenanzeige oder ein Zeitungsartikel kann ein Prototyp sein. Oft werden auch Mock-ups als Prototypen benutzt – also ein Testobjekt, beispielsweise aus Papier.

Wenn die Testnutzer den Prototyp benutzen, sollten sie dafür so wenige Erklärungen wie möglich bekommen – sie sollten den Prototyp selbst interpretieren. Aus der Beobachtung und der anschließenden Befragung der Testnutzer kann ein Unternehmen sehr wertvolle Informationen über den Prototyp und damit für die Weiterentwicklung des Produkts gewinnen. Durch die wiederholte Arbeit mit einem Minimum Viable Product bzw. einem Prototyp gemäß des beschriebenen Zyklus aus Build – Measure – Learn entstehen also Produkte und Dienstleistungen, die sehr stark an die Kunden- und Marktwünsche angepasst sind (Vgl. Ries 2017).

Design Thinking
Design Thinking ist eine Innovations- und Problemlösungsmethode, die es Unternehmen erlaubt, Probleme aus verschiedenen Blickwinkeln zu betrachten und die wahren Bedürfnisse ihrer Kunden bzw. des Marktes kennenzulernen und aufzugreifen. Es beruht auf der Überzeugung, dass sich Probleme besser lösen lassen, wenn Menschen aus ganz unterschiedlichen Bereichen und Disziplinen gemeinsam Fragestellungen entwickeln, Bedürfnisse von Nutzern ermitteln, Ideen dazu sammeln und daraus Konzepte bzw. Produkte erschaffen, die früh und schnell getestet und dann final entwickelt werden. Es gibt hier viele Überschneidungen mit dem Lean-Start-up-Ansatz – u. a. iterative Prozesse und das Prinzip des schnellen Testens in Form von Produkt-Prototypen.

Eine der Grundregeln der Methode lautet: Ergebnisoffenheit. Während des Prozesses, vor allem während der Ideengenerierung, ist es wichtig, jegliche Gedanken und Äußerungen zuzulassen, ohne sie vorschnell abzuwerten – und darauf zu vertrauen, dass die Kreativität der beteiligten Menschen mehr und Besseres erreichen wird, als wenn nur eine einzelne Person über Problem und Lösung nachdenkt. Design Thinking ist auch deshalb eine sehr wirkungsvolle Methode, weil sie die Anwender oder Kunden direkt in den Produkt- oder Serviceentwicklungsprozess einbezieht. Ziel ist es immer, den Kunden echten Mehrwert zu bieten und dem Unternehmen dadurch eine starke Position im Wettbewerb zu verschaffen (Vgl. Gerstbach 2016).

Entwickelt haben diese Methode die US-Amerikaner David Kelley, Terry Winograd und Larry Leifer. David Kelley ist Gründer von IDEO, eine Design- und Innovationsagentur in Kalifornien, die das Konzept auch vermarktet. IDEO hat u. a. die erste industriell hergestellte Computermaus für Apple entwickelt, den Palm V PDA, den Bürostuhl Leap für Steelcase, den ersten Insulin-Stift für den Pharmakonzern Eli Lilly und den mehrfach ausgezeichneten intelligenten Stromzähler für Yello Strom.

Wer Design Thinking anwendet, wird davon sehr stark in der Innovationsentwicklung und Kundenorientierung profitieren, aber auch seine Prozesse effizienter – digitaler! – gestalten können und damit seine Wettbewerbsfähigkeit erhöhen. Es gibt unterschiedliche Vorgehensmodelle dafür, die sich in vier bis sieben Phasen unterteilen. Ein vierphasiges Modell besteht beispielsweise aus den Phasen „Einfühlen" – „Definieren des Problemfeldes" – „Ideen generieren" – „Experimentieren" (vgl. Gerstbach 2016).

Working Out Loud

Wie bereits beschrieben, verändert sich die Zusammenarbeit von Menschen in Unternehmen – vor allem dadurch, dass sie immer stärker funktions-, bereichs- und standortübergreifend agieren. Das bedeutet automatisch: Auch die Kommunikation ändert sich. Eine neue Kultur des Teilens von Informationen und Wissen etabliert sich. Führungskräfte und Teams machen Informationen und Arbeitsergebnisse ebenso zugänglich wie die Kommunikation innerhalb von bis dahin in sich geschlossenen Gruppen. Hierarchiestufen und Anweisungen von oben verlieren an Bedeutung. „Wissen ist Macht" galt gestern. Heute zählen Werte wie Offenheit, Vertrauen, Wissensaustausch und Wertschätzung.

Der Weg von einer hierarchischen Unternehmensstruktur hin zu transparenter, offener Zusammenarbeit lässt sich am besten in der Praxis gehen. So können alle Beteiligten direkt und auch emotional erleben, worauf es ankommt und wie sich die neue Kultur auf sie, ihr Umfeld und ihre Arbeit auswirkt. Dieser direkte Zugang sorgt für schnelles und wirksames Lernen.

Um diesen direkten Zugang zu bekommen, ist die Methode „Working Out Loud" gut geeignet. Sie bietet ein Modell für vernetzte, kollaborative und transparente Zusammenarbeit und ist gleichzeitig eine Schlüsselqualifikation in einer vernetzten Arbeitswelt.

Working Out Loud kommt aus den USA und bedeutet direkt übersetzt so viel wie „lauthals losarbeiten". Zuerst benutzt hat diesen Begriff 2010 der IT-Berater Bryce Williams. Er

> definierte Working Out Loud als eine Kombination aus Transparenz und Storytelling: Wer so arbeitet, plaudert entspannt aus dem Nähkästchen – aber so, dass es für andere auch tatsächlich interessant ist. Zum Hoffnungsträger der digitalen Arbeits- und Lernexperten ist der Ansatz allerdings erst durch John Stepper geworden. Dem Amerikaner, der im mittleren Management der Deutschen Bank in New York arbeitet, hatte die offene Arbeitsweise aus einer beruflichen Krise herausgeholfen. Seitdem ist der IT-Experte ihr leidenschaftlichster Botschafter: Er machte aus der charmanten Idee ein schlüssiges Gesamtkonzept, das nicht nur Unternehmen einen Mehrwert verspricht, sondern auch jedem Nutzer persönlich (Lipkowski 2016).

Um die Methode nachhaltig bekannt zu machen, schrieb John Stepper (2015) ein Buch dazu.

Hinter Working Out Loud steht die Idee, dass insbesondere Wissensarbeiter die digitale Vernetzung und soziale Netzwerke nutzen, um Kontakte zu knüpfen, Beziehungen aufzubauen, eigene Arbeitsergebnisse mit vielen Menschen zu teilen und Feedback dafür zu bekommen, um so die Qualität der eigenen Arbeitsergebnisse stetig zu verbessern. Mittlerweile setzen auch große Unternehmen wie die Weltbank, die Robert Bosch AG und die Deutsche Telekom auf diesen Ansatz.

Die fünf Kernelemente von Working Out Loud lauten (Working Out Loud o. J.):

- „*Deine Arbeit sichtbar machen* – Arbeitsergebnisse, auch Zwischenergebnisse, veröffentlichen,
- *Deine Arbeit verbessern* – Querverbindungen und Rückmeldungen helfen, Deine Ergebnisse kontinuierlich zu verbessern,
- *großzügige Beiträge leisten* – biete Hilfe an, anstatt Dich großspurig selbst darzustellen,
- *ein soziales Netzwerk aufbauen* – so entstehen breite interdisziplinäre Beziehungen, die Dich weiterbringen,
- *zielgerichtet zusammenarbeiten* – um das volle Potenzial der Gemeinschaft auszuschöpfen."

Wer weitere Hilfe und Anleitung dafür braucht und sich in der deutschsprachigen Community engagieren möchte, findet auf der Website www.workingoutloud.com

entsprechende Informationen und Erfahrungsberichte von erfahrenen Anwendern. Betreiber der Website ist Jochen Adler, ein ehemaliger Kollege und Mitstreiter von John Stepper.

Crowdsourcing

Crowdsourcing bedeutet, traditionell unternehmensinterne Aufgaben via Internet an eine externe Gruppe von freiwilligen Nutzern oder Anwendern auszulagern und so die Geschwindigkeit, Flexibilität, Skalierbarkeit, Qualität und Vielfalt der eigenen Ergebnisse zu erhöhen und gleichzeitig Kosten zu senken. Die Definition nach Martin et al. (2008) lautet:

> Crowdsourcing ist eine interaktive Form der Leistungserbringung, die kollaborativ oder wettbewerbsorientiert organisiert ist und eine große Anzahl extrinsisch oder intrinsisch motivierter Akteure unterschiedlichen Wissensstands unter Verwendung moderner Informations- und Kommunikationssysteme auf Basis des Web 2.0 einbezieht. Leistungsobjekt sind Produkte oder Dienstleistungen unterschiedlichen Innovationsgrades, welche durch das Netzwerk der Partizipierenden reaktiv aufgrund externer Anstöße oder proaktiv durch selbsttätiges Identifizieren von Bedarfslücken bzw. Opportunitäten entwickelt werden.

Beispiele für Crowdsourcing sind neben der Wikipedia – die sich im Laufe des Prozesses als viel produktiver erwies als das anfänglich dahinterstehende Unternehmen Nupedia und es schließlich verdrängte – die dezentrale mobile Datenerhebung zu Strahlen- oder Lärmwerten, Luftverschmutzung und Verkehrsaufkommen, aber auch Softwaretests (Crowd Testing). Auch Open Source ist eine Form von Crowdsourcing: Viele Menschen nutzen und entwickeln Software freiwillig und unentgeltlich weiter, beispielsweise WordPress, Linux, Produkte aus der Mozilla-Familie etc.

Unternehmen können Crowdsourcing strategisch nutzen, indem sie die freiwilligen Crowdsourcees (die auch Prosumenten genannt werden) auffordern, bestimmte Aufgaben zu übernehmen und das Unternehmen bei Innovations-, Produktions- oder Forschungs- und Entwicklungsprozessen zu unterstützen. Die Vorteile für das Unternehmen liegen auf der Hand: Crowdsourcees sind quasi Kunden des Unternehmens, deren Wünsche und Anforderungen so in den Produktentwicklungs- bzw. Produktionsprozess eingebunden werden. Dadurch verringert sich die Gefahr, Produkte an den Wünschen der Kunden vorbei zu entwickeln oder gar zu produzieren. Unternehmen bekommen durch das Crowdsourcing auch viele kostenlose Ideen – in einer Qualität, die mit der von Profis oder Experten vergleichbar ist, wie Studien nachgewiesen haben. Die freiwilligen Crowdsourcees sind intrinsisch motiviert, sich bei diesen Projekten einzubringen. Spaß, Gemeinschaftsgefühl, Neues zu lernen, Wissen mit anderen zu teilen und gemeinsam Ziele zu erreichen, sind ihre Motive dafür.

Kommunikationsplattformen

Nicht nur bröckelnde Hierarchien bringen neue Kommunikationsformen hervor, sondern auch das dezentrale, standortunabhängige Arbeiten im Zuge der Globalisierung. Über den ganzen Globus verteilte Teams gehören in vielen Unternehmen zur Normalität. Per E-Mail oder in persönlichen Meetings in Kontakt zu bleiben, ist für diese Teams absolut üblich. Gleichzeitig entwickeln sich parallel andere Kommunikationsformen: sei es nun der Wissens- und persönliche Austausch via Videokonferenzen, Facebook- oder WhatsApp-Gruppen, Wikis oder andere soziale Software wie beispielsweise Slack (ein webbasierter Instant-Messaging-Dienst zur Kommunikation innerhalb von Arbeitsgruppen), Microsoft-Teams (Plattform für Chats, Dateienablage und -bearbeitung, Telefonate, Videokonferenzen), Yammer, oder das deutsche Produkt bloola von der unoso GmbH – ein soziales Netzwerk für Unternehmen zum Teilen und Bearbeiten von Dokumenten, Wissensaustausch sowie interne und externe Zusammenarbeit und Kommunikation.

Wer die Chancen der Digitalisierung für sein Unternehmen nutzen will, braucht neben strategischem und Umsetzungs-Know-how, einem kundenzentrierten, zukunftssicheren Geschäftsmodell, einem kanalübergreifenden Angebot und einer progressiven IT auch die dargestellten passenden und anwendbaren Methoden des digitalen Wandels – sonst bleibt der Weg in eine neue Ära versperrt.

Was Sie aus diesem *essential* mitnehmen können

- Ansätze und Ideen zur erfolgreichen Digitalisierung mittelständischer Unternehmen
- Anregungen für die Gestaltung und Umsetzung einer eigenen digitalen Erfolgsstrategie
- Konkrete Ansätze für ein digitales Engagement von Mitarbeitern, Kunden und Partnern
- Anleitung für den Aufbau einer professionellen Organisationsstruktur, die Digitalisierung begleitet und stützt
- Punkte für eine Unternehmenskultur, mit der Digitale Transformation gelingen kann
- Praxiserprobte Methoden zur Realisierung des digitalen Wandels im eigenen Unternehmen
- Erarbeitung und Visualisierung des eigenen Digitalisierungsstands nach Unternehmensbereich und Zieldefinition

© Springer Fachmedien Wiesbaden GmbH 2018   57
A. Ternès und S. Schieke, *Mittelstand 4.0*, essentials,
https://doi.org/10.1007/978-3-658-20917-9

Literatur

ARITHNEA. (2016). ARITHNEA-Studie: Deutsche Unternehmen gehen die Digitalisierung endlich an. Pressemitteilung. https://www.arithnea.de/aktuelles/pressemitteilungen/studie-deutsche-unternehmen-digitalisierung/. Zugegriffen: 1. Juni 2017.

Bort, J. (2017). A rare look at Meg Whitman's cubicle. Business insider vom 1. Oktober 2012. http://www.businessinsider.com/hp-ceo-meg-whitman-cubicle-2012-10?IR=T. Zugegriffen: 30. Juli 2017.

Center for Services Leadership. (2017). Driving business value from digital transformation. https://research.wpcarey.asu.edu/services-leadership/2017/02/03/driving-business-value-from-digital-transformation/. Zugegriffen: 21. Nov. 2017.

Dämon, K. (2017). Warum agile Unternehmen mehr verdienen. WirtschaftsWoche 16. März 2017. http://www.wiwo.de/erfolg/management/management-ansaetze-warum-agile-unternehmen-mehr-verdienen/19513702.html. Zugegriffen: 12. Febr. 2018.

Deutsche Telekom. (o. J.) Digitalisierungsindex. Der Status quo des deutschen Mittelstands. Deutsche Telekom AG, Corporate Communications. https://www.digitalisierungsindex.de/wp-content/uploads/2016/11/Digitalisierungsindex_Gesamt.pdf. Zugegriffen: 1. Juni 2017.

Gerstbach, I. (2016). *Design Thinking im Unternehmen. Ein Workbook für die Einführung von Design Thinking.* Offenbach: Gabal.

Gründerszene. (o. J.). Disruption. https://www.gruenderszene.de/lexikon/begriffe/disruption. Zugegriffen: 1. Juni 2017.

IMDB Business School. (2016). IMDB business school class: Playing the digitization piano. YouTube. https://www.youtube.com/watch?v=Wt_UoB5Qsx8. Zugegriffen: 21. Nov. 2017.

KfW (2016). KfW-Mittelstandspanel: Unternehmen nutzen ihre Finanzkraft, Investitionsschub bleibt aber aus. Pressemitteilung vom 25. Oktober 2016. https://www.kfw.de/KfW-Konzern/Newsroom/Aktuelles/Pressemitteilungen/Pressemitteilungen-Details_381953.html. Zugegriffen: 1. Juni 2017.

Kolk, M., Eagar, R., Boulton, C., & Mira, C. (2017). Ecosystem Innovation – The Growth oh Hyper-Collaboration in a Fast-Moving World. Prism, 1. http://www.adlittle.com/downloads/tx_adlprism/Ecosystems_Innovation_section.pdf. Zugegriffen: 16. Aug. 2017.

© Springer Fachmedien Wiesbaden GmbH 2018   59
A. Ternès und S. Schieke, *Mittelstand 4.0*, essentials,
https://doi.org/10.1007/978-3-658-20917-9

Kollmann, T. (2016). Digitaler Wandel – wir können das! manager magazin vom 3. Februar 2016. http://www.manager-magazin.de/unternehmen/artikel/digitalisierung-so-muss-deutschland-den-digitalen-wandel-angehen-a-1074696.html. Zugegriffen: 30. Juni 2017.

Lipkowski, S. (2016). Teilen lernen. Die Methode Working Out Loud. *managerSeminare*, *214,82–89*.

Martin, N., Lessmann, S., & Voß, S. (2008). *Crowdsourcing: Systematisierung praktischer Ausprägungen und verwandter Konzepte*. Hamburg: Institut für Wirtschaftsinformatik & Universität Hamburg.

Saam, M., Viete, S., & Schiel, S. (2016). Digitalisierung im Mittelstand: Status Quo, aktuelle Entwicklungen und Herausforderungen. Forschungsprojekt im Auftrag der KfW Bankengruppe. https://www.kfw.de/PDF/Download-Center/Konzernthemen/Research/PDF-Dokumente-Studien-und-Materialien/Digitalisierung-im-Mittelstand.pdf. Zugegriffen: 1. Juni 2017.

Sonnenberg, V. (2017). Partnernetzwerke sind der Erfolgsschlüssel für Industrie 4.0. *Maschinenmarkt* von 18. Juli 2017. Zugegriffen: 16. Aug. 2017.

Springer Gabler Verlag. (o. J.). Gabler Wirtschaftslexikon, Stichwort: Business Transformation. http://wirtschaftslexikon.gabler.de/Definition/business-transformation.html. Zugegriffen: 1. Juni 2017.

Stepper, J. (2015). *Working out loud. For a better career and life*. New York: Ikigai Press.

Ries, E. (2017). *Lean Startup. Schnell, risikolos und erfolgreich Unternehmen gründen*, (5. Aufl.). München: Redline.

Roland Berger (2016). Think act. Beyond mainstream. https://www.rolandberger.com/publications/publication_pdf/tab_masterthemaze_digichemie_europa_final.pdf. Zugegriffen: 16. Aug. 2017.

Wade, M. R., Shan, J., & Noronha, A. (2017). *Life in the digital vortex*. https://www.imd.org/dbt/insights/digitalvortex/. Zugegriffen: 4. Aug. 2017.

Wade, M., Noronha, A., Macaulay, J., & Barbier, J. (2017). Orchestrating digital business transformation. https://www.imd.org/globalassets/dbt/docs/digital-orchestra. Zugegriffen: 4. Aug. 2017.

Working Out Loud. (o. J.). Die fünf Kernelemente. http://workingoutloud.de/die-fuenf-kernelemente/. Zugegriffen: 29. Juni 2017.

Zimmermann, V. (2014). Mittelstandspanel 2013: Wie Mittelständler ihre Innovationen finanzieren. *KfW Economic Research, Fokus Volkswirtschaft, 50,1–7*.

Zimmermann, V. (2016). *Digitalisierung im Mittelstand: Status Quo, aktuelle Entwicklungen und Herausforderungen*. KfW Research, Fokus Volkswirtschaft. https://www.kfw.de/PDF/Download-Center/Konzernthemen/Research/PDF-Dokumente-Fokus-Volkswirtschaft/Fokus-Nr.-138-August-2016-Digitalisierung.pdf. Zugegriffen: 1. Juni 2017.

Printed in the United States
By Bookmasters